Transpersonal psychology
—The basic skills of counseling and guidance

超個人心理學
諮商基本技巧

張寶蕊————————著

五南圖書出版公司 印行

推薦序一

在新作即將付梓之際，寶蕊老師囑我為她的新作寫序。我在略作猶豫之後，到底還是擋不住「先睹為快」的誘惑，於是滿口應承下來。及至看完了書稿，受到書中內容的啟發和作者「與你同在」（to be with you）的敘述風格影響，倒也真是覺得有些想法要同作者和讀者交流了。

在我看來，這是一本介紹主要基於超個人心理學理念的心理諮商理論與實務，以及探討其中一些核心問題的著作。超個人心理學是從人本主義心理學內部發展起來的一個心理學派別。具體來說，它誕生於由美國心理學家馬斯洛（Maslow）、格羅夫（Grof）、蘇特曲（Suitch）等1969年於舊金山發起的超個人運動。這裡的「超個人」即「trans-personal」中的「trans」，是「超越」的意思，超越什麼呢？從心理學派別來說，是要超越傳統心理學，包括精神分析心理學、行為主義心理學、人本主義心理學；從心理學研究物件來說，是要超越以往心理學所研究的人的生理、行為、心理，包括智力、情緒，無意識等側面，將心理學研究擴展到精神層面（心靈、信仰、理想、價值觀、道德、自由意志、創造、靈感、神聖、高原體驗等），注重人的生理、心理、精神的統一，或精、氣、神的統一；從研究取向來說，是要超越個人取向、自我中心，進入到關心他人、關心群體、關心社會、關心世界的大愛層次。馬斯洛提出的人的需要層次論

是人所共知的，他認為人的需要有五個層次或七個層次。實際上這些層次需要（生理需要、安全需要、愛與歸屬需要、尊重需要、求知需要、審美需要、自我實現的需要）都是從個人取向的角度來展開的。應該注意的是，馬斯洛晚年還曾在此基礎上提出過一個更高層次需要——超越需要，這是一類超越個人的，甚至是超越人類的需要。由此可見，超個人心理學確實是人本主義心理學的進一步擴展和延伸，是一種更具整合性的心理學思潮。

建立在超個人心理學基礎上的心理諮商也就是一種視野更寬闊、更有包容性諮商理論和方法。從本書中你將可以了解到：

- 超個人心理諮商的目標是幫助人們實現身、心、靈或精、氣、神的平衡，走出低層次的自我中心，走出「小我」去關懷他人、關心團體、關心社會、關心世界。

- 發展來訪者的超個人經驗，因為有超個人經驗的人比一般人更平安、喜悅、有彈性、自尊，更加健康。

- 它是包容的，只要有利於人的身、心、靈的健康，超個人心理諮商不拒絕源自任何派別的理念、方法、技術的運用。

- 它是跨地域、跨文化的，力圖打破東西方文化的藩籬，從文化地域的差異中尋求共識；主張向東方求智慧，吸收靜坐、內觀、冥想等方法，採用「無為無不為」的順道而行的道家態度。

- 更加信任來訪者具有解決問題的能力和成長的價值導向，注重

諮商中「當下」的、「自然」發生的過程，用「寧靜」、「靜觀」、「陪伴」的方式幫助來訪者洞察自己。

• 反對用各種消極標籤標定「病人」，秉持一種用希望、樂觀引領人的生活、幫助人不斷突破困境的積極心理學取向。

• 強調心理治療不僅是幫助案主解決問題，更重要的是一個促成諮商師和來訪者雙方自我完善、發展自我控制、發揮自我潛能、增強社會責任擔當和人文關懷、追求生命意義和價值、培養生活情趣、享受成長快樂的化蛹成蝶的過程。

如果用否定的語句來陳述的話，則可以說，超個人心理諮商不是僵化的、執著的、囿於成見的、拘泥於某種硬性框架和絕對標準的、作繭自縛的清規和教條，而是幫助人們提升生活品質的生活指導的理念和活動。

你沒有必要認可自己所做的諮商工作一定是超個人心理學取向的，或是其他什麼取向的心理諮商，因為那樣做或許是另一種形式的「執著」；但是由於人本主義心理治療理論的廣泛影響，發端於人本主義心理學的超個人心理諮商所特別強調的那些理念，實際上對於大多數心理諮商取向來說並不是排他性的，而是具有共通性的。

中國心理諮商、心理治療工作起步於90年代，經過30多年的不懈探索，在理論和實踐上都有了長足的進步。時至今日，學校裡的心理健康教育已經走上正規化的軌道，納入各級學校的常態化的工作體系之中。由於心理諮商和治療是一項專業性很強的工作，不能依靠單

純的說理和獎勵、懲戒就能見效，如何提高其科學性、專業化水準，就成為確保心理助人活動實效性的關鍵，而諮商師自身專業發展的局限又是制約心理諮商活動成效的瓶頸。在這一情勢下，寶蕊老師本書的問世必將為廣大諮商工作者增強專業勝任力、實現自我突破和自我成長提供新的視角和經驗。

本書有別於標準教科書按章、節、點依次展開的敘述方式，另創一格，在對超個人心理治療作了簡單介紹後，以問題為中心，對心理諮商有效性的核心要素，結合諮商的案例，進行深入的剖析。閱讀本書時，你能感到作者是在同你作平等的對話交流，不經意間你會自發地產生一種參加到討論中去的內心衝動。

本書內容上特點，簡而言之，一是對超個人心理治療的本質有簡明而確當的概括；二是對心理諮商中若干核心問題提出了獨特見解；三是結合諮商案例，對超個人心理諮商的要點，及影響心理諮商有效性的諸多要素有恰當的展示和深入的分析。

關於第一點，從上文轉述的作者對超個人心理諮商本質的概述中可窺見一斑。

關於第二點，作者對心理諮商中涉及到的許多核心問題做了認真的思考並提出了個人的洞見。例如「以人為中心」的態度和「以自我為中心」的任性；諮商師的「鏡子」隱喻，諮商師自我突破、自我成長的作用；感受與情緒在心理諮商中的獨特作用；諮商師在諮商中的價值中立和價值引導；需要不需要對來訪者作診斷和貼標籤；「沒有

做什麼，也做不了什麼」的陪伴式諮商的積極作用等等。作者對這些問題的思考和分析極有啟示作用，極有認識價值。在這裡，我僅僅提及其中一點，即作者對情緒、感受在人的生活及心理諮商中獨特作用的精到的認識。

在日常生活中，大多數文化多要求其社會成員理性、冷靜、堅強，如此方能被社會所接納。人們羞於表達自己的憤怒、怨恨、生氣、哀傷、難過、緊張，人們傾向於逃避它、壓抑它，這些被壓抑的情緒轉入到暗無天日的「地窖銀行」（無意識）中，暗中不斷發酵、糾結，影響著人的健康。作者認為，情緒是聯結人際關係的橋梁，人們的想法、行為、經驗雖各不相同，但人們的情緒表現、喜怒哀樂卻是相似的，不同民族、不同文化背景中的人在語言理解上有困難，而在情緒上互相理解是不困難的。可見人的情緒和感受，相對於人的語言、理性，有其獨特的作用和優勢。

在心理諮商中，來訪者如果只是急於解決問題，而不想承認、不去表達他的情緒，往往是他不想面對自己情緒感受的表現；諮商者如果想繞過來訪者的情緒，不去沿著來訪者情緒的脈絡來了解問題的根源，想要徑直地幫助對方解決問題也是不可能的。反過來，太快地、以一種威脅的形式去觸碰案主的感受也是有害無益的。這樣說來，在心理諮商過程中，情緒並不是人的認識、理性的副產品和伴生物，幫助來訪者處理他的情緒本身有著特殊的意義。當然，這絲毫不意味著可以忽略對案主的行為、認識和經驗等其他方面了解的重要性。在這

一意義上寶蕊老師談到的「理性無法了解眞相，情緒才是眞相的根本」確實值得我們深思。

　　本書內容的第三個特點是作者爲心理諮商中促進發展的諸多核心條件，如專注與聆聽、同理心與共情、尊重與眞誠、眞實與具體、探索和澄清、分享等，提供了大量典型的案例，對之作了深入的剖析，並附有精選的練習。讀者在對這些事例的揣摩中，可以準確地了解到這些心理諮商的有效因素和方法的眞義。這是本書的另一個有價值的部分。例如在論述「同理心」時，不但精細地分析了同理心與同情、共情、共感的區分和聯繫，而且提供了不同層次的同理心表達的實例。作者談到自己寫作心態說：「面對新進或經驗不太豐富的諮商師們，就想要傾囊所有。」這一句話，道盡了作者的一片苦心。當然同樣重要的是，作者還說到：「專業不僅僅是來自書本，來自老師，來自其他人的經驗；最爲重要的，是自己的獨立思考。」也就是說，只有在理論知識的指引下，透過練習和諮商實踐；在實踐之後認眞反思，才能眞正把握這些態度、方法的要點及其運用的適宜條件。僅就這一點，也可以將專業助人活動與聲稱能向人們提供某種解決心理問題的速成祕方的「心靈雞湯」區別看來。心理諮商師手上並沒有什麼一喝就見效的「祕方」，心理諮商是一種智慧的運用，是一種複雜的專業形式，無論是來訪者自己達成心理健康的目標，還是諮商師幫助別人解決問題、改善健康、提升生活品質，都要靠自己的實踐和反思，靠自己的努力和修持。

　　作序者，即新作的第一個學習者，利用作者賦予他的第一個發言人地位，說了一通或有點重要或無關宏旨的話，見之於文字，是爲序。

劉華山
華中師範大學前心理學院院長

推薦序二

在我早期的職業生涯中，作爲一名電腦科學研究者、軟體構架師、高科技公司高管、大學教授等，我從中國到日本，再到歐洲，落戶到美國矽谷，常常遇到很多經濟上很成功的人士，他們之中很多人並不快樂，有莫名的擔憂，害怕和煩擾。「爲什麼有些人比其他人更快樂？」我開始關注「幸福學」。在大眾媒體中，幸福承載著時尚的所有標誌。報紙和雜誌，電視紀錄片和關於這一主題的自助書籍充斥著市場。中國的儒釋道也有很多警句教導人們如何放下，如此才能與幸福更接近些。

2014年把美國矽谷索非亞大學（前身爲超個人心理研究院，簡稱ITP）從破產的邊緣解救出來，成爲索非亞大學的校長和董事會主席後，我開始接觸超個人心理學。索非亞大學的超個人心理學博士和碩士學位教育在世界享譽盛名，培養的人才在研究、臨床心理諮商、家庭治療等領域做出了卓越的貢獻。張寶蕊博士（我稱寶蕊老師）畢業於超個人心理研究院，她的先生李紹崑博士於1976年開始傳播超個人的福音，是亞洲超個人心理學推廣的領頭人。寶蕊老師則在我的家鄉武漢及中國開始超個人心理諮商師的培育工作，至今已是第20個年頭。大約4年前，我特地邀請寶蕊老師爲索菲亞在中國大陸地區開展碩博生的遠端課程，目前已經有一批優秀的研究生。至此，我感

到我所從事的事業有了一個廣闊的延伸。

　　寶蕊老師書中提出的以超個人心理學為理論基礎的諮商方法和大量的實例，給諮商師提供了發展潛能的「地圖和指南針」，使他們成為有能力的心理精神領域探索者，和個人成長成熟過程的引導者。同時諮商師自身也能夠積極的將生命當成逐漸完善的過程。這種「完善」是內在的，永恆的，是從自我中心進到大我的發展。有幸，第一個看此書的我，深深覺得，雖不是諮商師，身為一個教育工作者、母親、女兒、姐妹、商界女性，亦是受益匪淺。

　　寶蕊老師在中國培養了大量的超個人心理諮商師。見到她時，那份自由、自在與快樂的態度，讓我驚訝。她如何能夠如此？經過一段時間的接觸，我明白了她本人就是一個「成長的陪伴者，生命路途上的同行者」。她奉行「用敬天愛人的態度及行為，對待每一個存在物，因為個人的成長不只是造福自己，也是成就美好世界、生態及宇宙的要素」。人一旦擁有了這樣的特質，怎麼會不快樂呢？

李巧雲 博士

前索非亞大學校長暨校董事長

自 序

能完成這本書，也是對我30年諮商工作的交代。諮商師的培育，至今做了20年。除此之外，無論是醫生與病人互動，幼兒及老人的陪伴，以及青少年的心靈教育上我都投入了相當長的歲月。我發現無論是心理從業者，或普通老百姓都得面對人的關係。說實在，人與人之間除了「關係」外，真的就沒有別的了。老子的「大而無外，小而無內」用關係來解釋是再恰當不過。當然，哲學家們對我這個言詞可能要大加討伐了。但對我這在全人心理領域摸爬打滾多年的老將，深深認為懂得人和人間的互動脈絡是多麼的重要呀！

從語言的種類，關係建立的階段，語言表述的層次，能量傳播的觀察，以及一體關係的量子糾纏，到生活中用白老鼠的態度將所學所思所感受的，我都認真的投入試驗、反省、調整、改變及總結突破。一路走來，收益最大的是自己。從臺灣到美國、從歐洲到大陸，從青少年、成人、老人，到幼兒；從獨身、伴侶、同志到跨性，從身體、心理，到精神；從精神分析、行為主義、人本心理，到超個人；從三維度到多維度，我驚豔人生的豐富與多彩，多元與複雜，也感嘆若沒有淌生命這趟渾水，容許身上沾染塵泥，我是沒有辦法體會到穿越的自由，人生的璀璨。一路走來，我非常感謝能夠與案主同行。為了更深度的了解他們的觀點，體會他們的感受，我往往冒險而不設防的將

自己沉浸在他們的情緒與思想中，同情他們的遭遇，與他們一同的感嘆，甚至用他們的負向能量來挑戰回應。如此，我才能對諮商工作有著豐富的體驗。非常感謝案主們，他們是我的老師。

同時，在教學的過程中，透過每次課程親身的展示及大家的提問，讓我明白要成為一位有效能的諮商師，必須放下面子，面對自己的自卑及弱點，並在生活中投入自我挑戰與突破。所以，我也感謝學生們開啓我的內心世界，讓我意識到持續成長與發展的重要。當然，生活中我所相遇的親朋好友，特別是讓我產生情緒反應的，都是自我發現與了解的貴人。

關係中所發生的林林總總，本身沒有問題，而是在其中的人對它們的反應，才是問題。有問題，諮商師的功能才能派得上用場。只是，我認爲諮商師若沒有技能而去執業，這是一種不負責任的態度，會產生傷人也傷己的後果。諮商師要謹記！

希望這本小書能夠給新進諮商師們帶來幫助，甚至對專業諮商師也有一些參考價值，我的心願就達到了。

目　錄

第一章 「道」的原則在心理諮商的運用

▌個案一

　　有一天早上大約十點鐘，案主曉萬走進了諮商室。之前，我有一個很平靜與詳和的早晨。開門讓他進來的時候，一切正常沒什麼異樣。然而，當諮商室的門關上後他坐下，我自己也坐定了的時候，我感覺到一股強烈的怒氣從我腹部升起，似乎是針對他的。是怎麼回事？我很驚訝，立刻檢視自己是否對曉萬討厭或什麼的。沒有呀！從認識他以來，他向來笑容可掬，和藹可親。為什麼我會對他生氣呢？他和我沒有什麼牽連呀！這個現象的產生讓我困惑。因此，我決定對曉萬直接地分享這種感受，看看他對我這怒氣有何想法或是反應。我用充滿生氣的語調對他說：「我現在覺得對你很生氣」。我期待他會有一般正常的反應，譬如收起笑容想了解原因；或者，對我不高興，因為我莫名其妙；或者覺得委屈，或是害怕，因為我無緣無故地對他生氣。奇妙的是，他並沒有這些反應，笑容依舊掛滿臉，兩眼看著我，好像沒有聽到我說什麼。因此，我更生氣的對他說：「我真的很

生氣呢！你怎麼會無動於衷呢？」他很從容但無奈的對我說：「我早就習慣了。生氣有什麼用？生氣有什麼用？」在他說第二個「生氣有什麼用」的時候，眼淚嘩啦嘩啦的流了下來，而且聲音提高了許多。一下子我內心的怒氣像扎破了的汽球一樣消失了，整個人也鬆馳了下來。在那瞬間，我明白了這怒氣其實是他的，只是他從來就拒絕它，沒有接受它，因為「生氣沒有用」呀！他一直哭，哭了很久。然後抬起頭來對我說：「好久好久沒有哭了，現在覺得舒服多了。」他開始敘述生活的現況，展開了整個的諮商過程。

他述說者與愛人的惡劣關係，兩人總是吵架。但時間久了，他覺得沒有用，就保持沉默。他以為這樣就能改善彼此關係，沒有想到的是，他愛人的火氣更大。曉萬對怒氣的壓抑非但對家庭關係沒有改善，反而更糟糕。為什麼會如此呢？根據能量學的原理，情緒是一種隱藏不了的能量。曉萬的生氣在壓抑中並未消失，反而在他的家庭中「洩」了出來，感染了他的愛人及孩子。除了他的愛人更生氣之外，孩子的行為也有多動與任性的表現。

超個人心理諮商的「道」

近幾十年來，越來越多的心理學家（Vaughan, 1995, Schwartz, 1975）發現，要能更有效地幫助案主，諮商師已不能再被視為是「專家」或是「指導者」，而是要遵循案主的「道」，來用心地陪伴他，聆聽他。以下是卡爾·羅傑斯（Carl R. Rogers）與馬斯洛

（Abraham H. Maslow）對道在心理諮商的看法與運用：

　　當今的心理諮商大師羅傑斯在《會心團體》（Encounter Groups）中提到，在團體聚會前他不做任何計畫。如果要做的話，就僅寫個進行的綱要，但是，有沒有按照這個計畫進行，卻不是他的決定，而是團體的。他又提到，任何「自然」發生的狀況，才是團體所需要的，任何「技術」或是「活動」，無論是角色扮演、肢體的碰觸、心理劇或是其他，都可以在團體中運用，重要的是它們是在「當下」的「自然」發生。（Rogers,1970）

　　羅傑斯反對權威、專家們的自以為是，所以他提出了「非指導」式「以人為中心」的諮商方法。他主張諮商師必須要「真實」、「真誠」（Genuine, Congruence），要表裡一致，並且要對案主表達出無條件的關懷（Un-conditional Positive Regard），這都再再的顯示出他信任諮商中的「自然」，會帶動整個過程及結果。這才是真正的尊重—尊重「當下」的存在，尊重大宇宙的動作力，尊重案主在諮商過程中的自發性（Rogers, 1980）。他主張每一個人的內在都有一種成長的價值導向（Valuing Process），會帶動其內在的潛能，突破困境而達到不斷地超越與提升。條件是，信任、聆聽與同理心（Empathy）。

　　羅傑斯在巴西帶領七、八百人的成長團體，就「什麼事也沒

做」，只是讓大家的內在直覺來運作，他只是靜觀其變。在他的著
作《存在之道》（A Way of Being）一書中寫到，老子思想對他的影
響：

　　致虛極，守靜篤，萬物並作，吾以觀複。（道德經16章）

　　宇宙的道，是虛無和寧靜的，我們人類必須在宇宙內致虛於極
點，守靜於篤實，方能在萬物並作的情形下，觀出它們往復的道理
（林安格，2000）。這位以人為中心的治療大師，就是用這種「寧
靜」與「靜觀」的態度來幫助他的求助者，而成為世界上影響力最大
的心理學家之一，也成為世界上最有名的一位和平工作者。他曾在
1978年時幫助美國總統卡特（Jimmy Carter），於大衛營內用這種
方法協調以色列及埃及（李紹崑，2000）。

　　另一位心理學家是中國心理學界所熟知的馬斯洛，他主張的是
「反權威與反控制」。他不僅在生態學、人種學上的研究主張要減少
干涉與控制，且在人的尊嚴上亦表示要信任個人感受，去追求更大的
成長與自我實現。這就是說，人們要重視的是「自然自在」，是「自
動自發」，而不是事先預測，更不是外在掌控（Maslow, 1971）。
這些都是馬斯洛晚年的改變，由於他對「道」的體悟，突破了西方心
理學的局限，而向東方的智慧開展了探索之路。

█ 個案二

　　楠楠，有一天走進了諮商室。當他坐定之後，我開始用所謂的談話療法「技術」與他交談。他描述他的身體很差，每個星期至少感冒一次。照往常一樣，我問他身體爲什麼這麼差，爲什麼會常常感冒。他說他從小身體就很差……，他進入了冗長的敘述。我開始覺得有些無奈，這種有問有答的情況，似乎沒有辦法進入問題的核心。在此同時，我注意到他的兩個大姆指打起圈來，雙手放在生殖器附近的位置，其他手指很是僵硬，我問他有沒有注意到他的手指狀況。他回答說：「沒有呀！」（明明是如此明顯，他卻否定了。正常的情況，一般人會說，我沒有注意到呀！）有意思的是，在我的提醒之下，他的手指依然僵硬，但是兩個大姆指繞圈的情形被刻意地放緩了。直覺告訴我這是一個重要記號，所以我要他閉上眼睛，誇張他僵硬的手指，並且刻意的轉動姆指。之後，他的姆指越轉越快，頭及身體開始向後仰，且開始喘氣。他的氣越喘越急，不斷咳嗽，還想嘔吐。我問他當下幾歲，他說是國中一年級，然後又告訴我他的身體很差，他的問題不是自卑。奇怪，我沒有提到他自卑呀，但是他卻主動地否認了自卑，這又是一個提示。同時，我注意到「身體很差」這個主題再次的出現。因此，順著他說「你的身體很差」，他又開始喘氣，且喘不過來，他張開嘴大口大口的吸氣。我仍然「亦步亦趨」地陪伴著他，不著急也不驚慌，只是靜靜地觀看這些變化。

在Brihad-Granyaka Upanisha這本書中有過這麼一段敘述：

祂富於一切之內，雖然並非一切，

一切都不知道祂。

一切都是它的身體，祂從內部掌控著一切——

祂是你的靈魂，內在的統治者，神祇。

　　我就任由楠楠內在來帶領，專注地聆聽，聆聽楠楠內在的訊號及呈現於外的表現；也聆聽我內在心靈與楠楠心靈的互動與呼應。我直覺的問他：「你的身體怎麼會這麼差？」他不回答，只是皺眉頭，撇著嘴巴，這是另一個記號，此時整個過程已進行了一個小時。我覺得是暫停的時候了，所以要他深呼吸後睜開眼睛回到了現場，我們恢復了口語交談。

　　他又說：「我的身體很差，我覺得比不上別人。」我聽著，並沒有追著他說身體為什麼差，因為我明白如果我陪伴得好，當他覺得安全時，他會自己說的。果然，在接下來的談話中，由於我的開放與包容，他說出了手淫的問題。追溯至國一，如此才把身體搞得很差。他內心有很深的自卑與內疚。難怪他的手指僵硬並放在生殖器的部位而不自覺。表述完之後，他深深地吐了一口氣，身體放鬆了許多，而我也相對地放鬆了，一切都是這麼的自然。他後來告訴我，那次的治療揭開了他多年來不敢面對的心結，治癒了他的手淫習慣，且身體越來

越好。

　　心理諮商在寧靜的心靈互動中，在沉思默觀（meditation）的意識狀態中發生，諮商師與當事人之間沒有很多的話語，有的只是接納與容許，聆聽與陪伴，就像溪水那樣的流過，自然與穩定。我聆聽觀看案主的所言、所行，並順勢的回應，這是一種很奇妙的經驗。我實在是沒有做什麼。其實，也做不了什麼。

▌結　論

　　李約瑟（J. Needham）在他的著作《中國科學技術史》（科學出版社，2003）中強調道家經驗主義的看法。他說，道是一種直接的洞見（Insight），這種觀點連西方心理學之父佛洛伊德（Sigmund Freud）的精神分析也有同樣強調，他認為「洞見」是極其重要的。只是一般治療師太強調分析的「權威」，而忽略了直觀的洞見之上。洞見，不是靠思維可以得到的，因為它超越了頭腦的層面，必須通過直覺與靜觀的結合而得到的，它是一種「體悟」或領悟。

　　在心理諮商的「道」中，這種萬物自化的包容與信任，靜觀自得的沉穩與深奧，為心理諮商師的專業道路開闢了一條極為寬廣、接納與整合的方向。有一些心理學家開始用心靈悸動所產生的肢體運作而創立了自發表達（Focusing）；因聆聽心靈的呼聲而創立了心靈日記法（Journaling）；也有因著手指對黏土、水彩的反映，而創了表達

藝術療法；也有因著內心當時的感受，展現事件的過程而創立了過程心理療法（Process-oriented Psychotherapy），其他建立在這種原理的諮商法亦是林林種種。我本人，則因著案主當時的敘述、肢體表現，所傳達出來的能量、訊息，以及其在我內心所產生的悸動、直覺與洞察，而創立了「直觀療法」，使我在諮商過程中更自在、更輕鬆也更有效。

這些被主流稱爲「另類療法」（Alternative Therapies）給世界的心理學界帶來了無限的生機與展望。它比現代物理學與數學探索著突破以機械論爲主導的傳統物理學與數學，或是現代的哲學嘗試破除傳統的西方或東方哲學的局限，向東方神祕主義靠攏的實踐，更有彈性、更開放、更寬容，也更體現了「心理學」與「心理諮商」整合成長的本質，它們現在暫時還未被主流所完全接受，但我相信時間很快就會到來。因爲這是「順應自然」、「時勢所趨」呀！

參考資料

《中國科學技術史》李約瑟著，2003，北京，科學出版社

《物理學之道》F. Capra著，朱潤生譯，1999年，北京，北京出版社

《老子道德經》林安梧譯著，2000年，臺北，讀冊文化有限公司

《美國的心理學界》李紹崑著，2000年，北京，商務印書公司

Maslow, A. 1971, *The Farther Reaches of Human Nature*, N. Y.: Viking Press

Rogers, C. 1970, *Carl Rogers on Encounter Group*. N. Y.: Harper & Row Publishers

Rogers, C. 1980, *A Way of Being*, Boston: Houton Mifflin

Schwartz, G. E., 1975, *Biofeedback, Self-Regulation, and the Pattering of Physiological Processes*. American Scientist, 63, 314.

Vaughan, F. 1995, *The Inward Arc: Healing in Psychotherapy and Spirituality*. Nevada City, CA: Blue Dolphin Press

第二章

超個人心理學簡介

袖寓於一切之內，

雖然並非一切，

一切都不知道袖，

一切都是袖的軀體，

袖從內部控制著一切—

袖是你的靈魂，內在的統治者，

神祇。

奧義書

　　數個世紀以來，心理學家們都在摸索什麼樣的心理學更能正確地描述人類的心理及幫助人們更健康的成長。在此歷史的演進中，有四個非常重要的流派，目前有許多的書籍對這四個流派有詳細的介紹。讀者若欲進一步了解，可參考李紹崑2007年所著的《美國的心理學界》，李安德（Andre Lefebvre）著的《超個人心理學》，布蘭特・寇特萊特（Brant Cortright）2014年所著的《超個人心理學》、郭永玉著的2002年出版的《精神的追尋》等書。筆者在此就不做贅述。

在這些流派中，以下分別介紹幾位關鍵人物，因為他們影響了全世界心理學的演進，也促進了超個人心理學的發展：

1. 佛洛伊德

很多人一定覺得奇怪，佛洛伊德是古典精神分析的鼻祖，與超個人心理學有何瓜葛。首先，我們要了解什麼是心理學，「心理學」是英文Psychology的中文翻譯，而原文則是希臘文psyche和logo的組合。Psyche是靈魂的意思，logo則是認識、知識的意思。從原文來看，心理學應是認識或了解靈魂的知識。佛洛伊德的思想原本即是探索靈魂的一門學問，但由於其原著是以德文書寫，經由翻譯即成為了現在心理學的概念。然而，當深入了解西方心理學的定義之後，我們又會因不同流派，而有不同的定義，譬如美國心理學之父威廉詹姆斯（William James）認為「心理學是了解人類意識的一門學問」，而行為心理學的定義則是「了解人類行為的一門學問」，見仁見智。吾人可從定義來了解任何流派的發展方向。讀者有興趣的話，可深入地了解與探索。在佛氏晚年所著未出版的文章中表達過，他真正想要研究的是「心靈學」。但由於他當時已是世界的精神分析帶頭人，後人就不方便再提及此事。

2. 榮格（Carl Gustav Jung）

世界上最知名的精神分析師除佛洛伊德外，另一位就是榮格。兩

人雖是從師生的情誼開始，卻是以分手告終，佛洛伊德甚至認爲榮格背叛了自己。分道揚鑣的理由是，佛氏的精神分析是建立在來訪者是病態的，是不健康的，而榮格卻用「種子」的形象來表示人的發展不是病態的，而是成長導向的。榮格也是最早將道家思想有效地傳播給西方心理學家的一位，他介紹了《太乙金華經》，將成長的煉金術概念廣泛地介紹給西方的讀者。道家的思想，原本就是超個人心理學與治療的最高圭臬。

3. 卡爾·羅傑斯

羅傑斯是世界上最有名的人本心理學家，他的諮商與治療三大要素——同理心（empathy）、一致性（consistency）、無條件的積極關懷（unconditional positive regard），深深地影響了心理學家，無論是哪個流派，都認爲與案主建立良好的諮客關係，都要以這三個要素爲基礎。然而，有意思的是，幾乎沒有人知道羅傑斯的理論基礎其實是與中國的孟子「人性本善」是同源的，且無論是在帶領小團體或是達到七、八百人的會心團體，他都是以「無爲無不爲」的順道而行的道家態度來進行。這個可以從他的著作中看出。

4. 馬斯洛

馬斯洛是人本心理學的大家，早期以高峰體驗及需求理論爲心理學家們所尊崇。需求理論的自我實現，也深深影響了眾人而成爲人

生的目標。但他發現，由於有很多人對人本心理學的錯誤了解，進而發展成「任性」、「自大」、「自我中心」。晚年的馬斯洛在其生命經驗中，明白了人本思想的弱點，進而提出了所謂的「高原經驗」（Plateau Experience），認爲只要平靜、平安，人生最大的體驗應是當下的寧靜，這也是深受道家思想的影響。至於自我實現，原文爲self- actualization，後來發展成Self-realization，將s變成了大寫S，意思是人的需求是要從小我的自我實現突破到大我的實現，大我是超越個人的，所以馬斯洛與其他的人本心理學家（如蘇特曲（Suitch）、格羅夫（Grof））將人本心理學拓展爲超個人心理學。

▌經典物理學——舊科學與心理學

　　古代的科學知識是來自於希臘哲學家亞里斯多德（Aristotle）的整理與系統化。到了文藝復興時期，西方科學有了更進一步的發展，及至十五世紀後期，開啓了用科學精神來研究自然，並運用實驗來檢驗純理論的觀念（Capra, 2012）。後來牛頓（Isaac Newton）就在這個精神物質分割的理論基礎上發展出了機械宇宙觀，並奠定了經典物理學的基礎。這種精神與物質截然分裂的觀點，在馮特（Wilhelm Wundt）的心理實驗室（1832-1920）被運用的淋漓盡致，以致於華生（J. B. Watson）與史肯納（B. F. Skinner）的行爲心理學將所有的心理現象，歸因爲刺激－反應的結果，而造成了科學心理學的世界

觀，至今仍是現代心理學的主流－科學與科技的相互關係，從而忽略了在亞里斯多德及以前的幾千年，精神與物質是一體關係，是相互作用不可分割的主張。

這種二元分裂的科學與科技觀（Science & Technology）引導了整個人類的文化與歷史的發展，從顯微手術（micro-surgery）到太空穿梭，都爲人類的文明成就了奇蹟。同時，科學與科技也使我們的眼光、思想變得狹隘，人與人之間的關係因物質的發展與舒適而變得疏離與漠不關心。一方面由於科學與科技的發展，使我們的世界進步很多，但另一方面其所帶來的問題，亦造成了對世界和平的危害；人們對科學主義的盲目崇拜，使人進入了科學迷信，而誤以爲只有可被觀察和丈量的，才是有價值的知識。最終，人們成爲可被分析、歸納、觀察、丈量的生物體而已。笛卡爾（Descartes）的「我思故我在」令人們將自身與思維連在一起，而非身心靈的有機體發展。漸漸的，人們喪失了對其他存在物及對宇宙的尊重，而陷入了自我崇拜的驕傲死角。

心理學跟隨傳統科學的腳步，使心理學一直被歸類於自然科學的領域之中，有著一定無可越界的範式。馮特於1879年在萊比錫大學（University of Leipzig）建立第一所實驗室之後的一百多年，物理學界卻有著顛覆人類思想的轉變，經典物理學因量子物理學的崛起，失去了原有的「科學」地位，讓人不得不對世界，對宇宙重新思考我們認爲理所當然的科學定義。

　　其實，希臘哲學是傳統物理學的啓蒙，當時的科學、哲學和宗教學，如中國長期以來的文史哲不分家一般，是渾然一體的，目的只是想發現事物的本質及眞相。當時的希臘文Physis就是物理學Physics的原文。這種探索事物本質所做的努力，也承載了所有神祕主義的任務。

　　這種精神與物質沒有區別的情況下，一切的形式都是「physis」，具有生命和靈性的表現。直至西元前五世紀，第一次提出了原子的概念（Capra, 2012），那時大家認定原子是物質的最小單位，自此，精神和物質開始有了界限。哲學家們的注意力轉向了精神世界，而以物質爲主導的科學發展是到了文藝復興時期才開始。在十五世紀時，是用科學來研究自然，且用實驗的方式來檢驗純理論。現代科學之父伽利略（G. Galieo）是將經驗知識與數學結合的第一人。

　　十六世紀的法蘭西斯・培根（F. Bacon）是實驗科學的創始人，也是近代歸納法的創始人，亦是科學研究程式進行邏輯組織化的重要人物。培根認爲，透過人的觀察，才能客觀地看到這個世界，所以一切都要依賴人們的經驗，和其所觀、所實驗的結果。是的，他主張一切要靠實驗、推理與歸納，他對後世及心理學界的影響，延續至今。

▌量子物理學 —— 新科學與心理學

　　十九世紀末及二十世紀初，物理學家居里夫人（Madame

Curie）、賽曼（P. Zeeman）、倫琴（W. C. Röntgen）等人皆在研究上對舊物理學產生了挑戰。同期的玻爾（N. Bohr）、普朗克（M. Planck）及愛因斯坦（A. Einstein）在量子物理學上的發展及突破，更是與經典理論相違背，它衝破了經典物理觀念對人們的長期束縛，為人們建立新的概念，並在探索新的理論開拓了一條新路。當時他們受到了很多物理學家的質疑與唾棄。然而，事實終究可戰勝人們的固執，許多物理學家認為，1900年代不僅是歷史書上一個新世紀的開始，也是物理學發展史上一個新紀元的開端，它標誌著人類對自然的認識，是客觀規律的探索從宏觀領域進入微觀領域的物理學新時代的開始。

　　影響世界宇宙觀及人類發展的經典機械力學認為，時間和空間是絕對的概念。但是愛因斯坦的相對論卻發現時間並不獨立於空間，二者有密切的關係，因為引力具有令時間彎曲的效應。「時—空連續體」的思維，是科學重大變革的發現。量子物理學家卡普拉（F. Capra, 2012），一位超大咖的世界級科學家竟然形容近代物理學是一條具有情感的道路。那些自詡有「科學精神」的人會覺得卡普拉是很怪異的，因為，科學、實驗與「情感」是不相容的。這就是新科學的突變元素。

　　中國科學院朱清時教授曾經將量子物理學與佛學對「意識」的看法時（2016, 10, 08，公眾號：蜂小舞）是這樣表述的，「意識」是種量子力學現象，「意識的念頭」像是量子力學的測量。人的「意

識」不僅存在於大腦中，也通過量子糾纏而存在與宇宙某處。如此，人在死亡後就可能離開身體，進入到宇宙中。量子物理學家認為有些人瀕臨死亡的體驗，實際是大腦中的量子資訊所造成的。清華大學副校長施一公在2017年的北京懷柔的「未來論壇」年會上曾說過，人不過是由一個細胞－受精卵而來的。所有受精卵在35億年前，都是來自於同一個細胞，一個處於複雜的量子糾纏體系（2018, 2. 06，微略經管智庫）。人的第六感、超感、預知都是可能的。

2003～2009年之間，康特做了系列實驗，他證明了人的精神就是意識狀態，存在著量子糾纏的現象。波爾是量子糾纏現象的首創者，所以量子糾纏又叫做「波爾定律」。另外，彭羅斯（R. Penrose）是一位頂級的物理學家，他寫了一本研究意識的著作《黃帝新腦》（Penrose, 2007），他認為人們正進入「智慧時代」，有一點是任何電腦及機器人做不到的，就是「直覺」；人們的大腦能夠產生直覺，直覺的現象只有量子系統才能夠產生。其實不僅是直覺，在量子力學的觀點下，專門研究人們特異能力的第六感、神祕經驗、同時性、預感的超心理學（para-psychology）現象，至今仍被主流的認知行為心理學否認，都被證實。更有意思的是，中國的量子通訊發展——用墨子號發射到衛星的行動，就是世界第一個利用量子糾纏原理而成就的無險通訊（不會被任何間諜檢測到）。另外，腦力介面技術（用人腦專注力來控制小汽車、無人飛機等）亦在如火如荼的開展，可見，中國的高科技已與新科學無縫接軌。心理學能不跟上時代

的腳步嗎？

▎超個人運動及超個人心理學的崛起

即使量子力學已證實了新科學超越了牛頓的經典物理學概念，破解了主流心理學的範式，與東方精氣神一體的全息原理，神祕的天人合一的人生哲學，儒釋道等思想信仰，世界原住民的精神傳統都深深的呼應，且這些智慧早就影響了西方心理學的認知及運用。但奇怪的是，西方主流心理學界仍受到行為認知心理學的把控，沒有絲毫的鬆懈。有鑑於此，一群美國心理學家，如馬斯洛、格羅夫（S. Grof）、蘇特曲等人，於1969年在美國舊金山市發起了一個所謂的超個人運動（Transpersonal Movement）。此運動是最先以心理學的再反思為出發點，超越了以精神分析（Psycho-Analysis）、行為（Behavioral Psychology）及人本（Humanistic Psychology）的傳統心理學，強調了人與天、與地、與宇宙萬物的互動關係為中心的超個人心理學（Transpersonal Psychology）。

在近幾10年中，除了心理學的發展外，哲學、人類學、精神醫學、社會學、生物學皆進入了此超個人的研究領域，且蓬勃發展。這一切的超個人研究領域，皆通稱為「超個人學」（Transpersonalism）。在1970年代，臺灣有一群由華裔教授李紹崑帶領的心理學家、哲學家、宗教家共聚一堂緊跟著超個人的腳步，討

論超個人心理學與人類及世界的關係，並注入了很深的關懷。為了更好地將此先進的學科引進華人地區，他們在數天的商討研究中，覺得將超個人學譯為「精神學」，以使國人能更容易地了解其真正的內涵。後來，經由超個人心理學家李安德、張寶蕊等人的再深思，覺得還是忠於原文翻譯，回歸「超個人」心理學比較合適，因transpersonal的trans就是「超越……之上」或「橫穿……」的意思。在華人地區傳播的過程中，讀者們只要清楚精神心理學就是超個人心理學即可，不需要太過執著。

根據超個人運動先驅蘇特曲（Suitch, 1996）的研究，超個人心理學是研究人們的超個人經驗與其所引發的一切現象的心理學，它包括了與超個人經驗有關的起因、經驗效果、功能及發展，以及由此衍生的實踐及應用。雖然蘇特曲勉為其難地做了這樣的定義，但仍然擔心定義超個人心理學本身就是一種局限，因為它不僅僅是一門學科，且是一個開放而有機的過程，本身是不斷生發與突破的開放過程；他更進一步強調，超個人經驗不僅僅是個人的，且是一個包括了他人、其他生物、生命、靈性及宇宙跨越界限的經驗。

義大利心理學家阿薩格歐里（R. Assagioli）的心理綜合學（Psychosynthesis），就是用超個人經驗來了解全人發展的新興科學。認為人性整合，必須要將個人的人格放在「大我」（Transpersonal Self），也是「超意識」（Super-Consciousness）內，接受來自此智慧的洗練與融合。Capra（2012）對物理學及心理

學看法，認為在宇宙的存在內，所有的一切都是整體的一分子，彼此息息相關。在《物理學之道》一書中，卡普拉認為宇宙是一個更接近東方智慧的「一個不可分割的存在，它永遠在運動，是有生命的、有機的，是精神的，同時又是物質的」。

格羅夫則在他的《非常態心理學》（Grof, 2003）一書中述及超個人心理學，認為超個人心理學是將人類「精神」（Spirituality）視為宇宙發展機制及人類心理的一個重要維度，人們必須重視此「精神」層面的發展以便更了解人類心理的發展。超個人心理學研究人類所有的經驗，包括了出現在非日常意識（Non-ordinary consciousness）層次的心靈體會與反應：冥想實踐的觀察，各種宗教信仰操練修持，神祕體驗的喜悅，精神應急狀態（spiritual emergency），靈性危機，治幻療法，催眠療法、經驗性心理治療及瀕死的各種情況。這許多的超個人經驗包括了心理上死亡與重生的經歷，宇宙意識的感應，與其他人、物、大自然、整個世界合一的神祕體驗；亦有些人感受到上帝或上天的光照，不同超感覺的發生，與原型（archetype）存在物的相遇，以及許許多多我們無法想像的體驗。

美國超個人心理研究院教授Hasting（1997）說過，經歷這些超個人經驗者，在面對日常生活時，都會有一個新的態度及認知。他們比一般人平安、喜悅、有彈性、自尊，他們都經過了對初層次人性（ego）的超越（transcendence）而轉化（transformation）至另一

個較高的層次（beyond-ego）。他們從關心自我（self-caring），走入關心他人的（altruism）的大愛之中。

▌超個人原則

超個人心理學是一門提高人類生活素質的一門學問，它不僅談理論，同時也是生活的指導原則：

1.有道德倫理的生活態度——除了個人成長之外，還承擔起家庭責任、社會責任、世界及宇宙責任。

2.情緒的了解與超越——身心靈的整合，有一個既理性又感性的整體。

3.動機的調整——走向清明覺知之路。

4.注意力的培養——廣角視野的開拓。

5.覺察力的細緻化——大而無外，小而無內的態度。

6.智慧的開發與積累——聽從內在統一中心的聲音。

7.慈悲的體現——超越功利及表像而純粹。

8.服務他人——超越任何邊界與障礙。

9.對所有存在物的尊重——無論看得見或看不見。

10.所有的一切都含有信、望、愛的種子——朝向永恆的生命發展。

參考資料

《美國的心理學界》李紹崑著，2000年，北京，商務印書公司

《超個人心理學》李安德（Andre Lefebvre）著，若水譯，1992，臺北：桂冠圖
　書公司

《超個人心理治療》布蘭特·寇特萊特著，易之新譯，2005，臺北：心理工作坊

《黃帝新腦》羅傑·彭羅斯著，許明賢譯，20078，湖南科技術出版社

《非常態心理學》格毗鄰夫著，劉翰等人譯，2004，雲南人民出版社

Boorsstein, S. (Ed.). (1996). Transpersonal psychotherapy. State University of New
York press. Albany

Capra, F. (2012)，物理學之道——近代物理學與東方神秘主義，2012，中央編譯
出版社，第四版

Hasting, A. (1997) Transpersonal Psychology: The fourth force.In Donald Moss (ed).
Handbook of Humanistic and Transpersonal Psychology. New York: Prageger.

Scotten, B. W. et al .(Ed.). (1996). Textbook of transpersonal psychiatry and
psychology. New York: Basic Books.

Suitch, A. J. (1996). The emergence of the transpersonal orientation: Apersonal
Account. Journal of transpersonal psychology, 8(1), pp. 5-18.

第三章

超個人心理諮商師的要件

屏弱無力的我，

提不起，也放不下。

茁壯成長，

才能夠

提得起，放得下。

「張老師，你知道那個很有名的教授，就是你認識的那個，昨天被抓了起來。」一個學生很急促的給我打電話，告訴我這件事情。

「爲什麼呢？」我很驚訝他被抓了起來，因爲他看起來是個好人，且在國內於諮商方面有點名氣。

「因爲他猥褻了案主」。

諮商師從專業的角度而言，是一個身分，有他的立場，但同時也是一個人：一個真實有血有肉，有情緒反應，有困難挫折的人。然而許多人，甚至諮商師本身都會在無意識中期許自己是一個「沒有問題」的人，因爲他們是「專家」，專門幫別人解決問題，所以自己也不應該出現問題，出現問題時，往往很難去找他人協助。根據統計，

中國至2018年5月截止，根據徐凱文的資料，共有120萬人有諮商師證（2018, 6,16，首屆心理諮商師勝任力高峰論壇），但眞正上崗執業者僅僅4～5萬人。這可不是簡單的行業，很多人抑鬱、焦慮，甚至自我懷疑。當然，也有些人承受不了壓力而絕望，甚至自殺。

我與許多專業人士交談過，亦研讀過相關書籍，同時在課堂上與學習者多有探討，皆認爲諮商師應具備以下條件：

1.有專業素養：(1)懂得諮商的理論及有嫻熟的技能，如專注、聆聽、同理心；(2)豐富的人生經驗；(3)有效地協助他人；(4)能眞誠與眞實。

2.能遵循諮商倫理與道德／法律：(1)願意幫助他人；(2)案主的利益爲優先考慮（For the best interest of client）；(3)不做越軌行爲；(4)不違反保密與不能保密的原則——自殺暴力的規定等等。

3.全人健康：(1)人格健全；(2)情緒穩定；(3)有邏輯能力，能分析事理；(4)起碼的健康身體；(5)能承受壓力；(6)能處理危機；(7)能愛人；(8)能自我保護。

在首屆心理諮商師勝任力高峰論壇研討會中，主要的議題即是探討諮商師的工作能力問題。

從一般心理諮商的角度而言，這些條件或許很重要，前述我的那位教授朋友從外表或社會評價上，都合乎了這些條件，但骨子裡卻是位情慾濃烈，極爲自私的人，所以才會做出侵犯案主，沒有廉恥心的舉動。

　　「超個人」的觀點認爲，一個人自身的成熟是最爲重要的——人的一生是反求諸己與學習關愛他人的過程。若能將生命視爲是逐漸完善的過程，那麼上述條件是必然會成就的結果。因此，超個人心理諮商師對其自身的要求，就必須特別嚴格。除了心理理論要很扎實、技術要熟練之外，在受訓的過程中，接受被諮商和治療是必然的，更爲重要的是去「面對困難，接受挑戰，走出舒適區，穿越人生的障礙」，因爲他們深深了解，不是要成爲優秀諮商師，而是要有能力並能幫助案主解決問題，也要協助他面對生活能力的提升，這才是諮商的終極目標。所以，在考核諮商師的過程中，他們的豐富生命經驗是非常重要的。

助人症候群

　　助人症候群（helper syndrome），指的是助人者很努力地想幫助他人，卻忽略了個人本身能力的提升，反而成為幫倒忙的人，此為其一。第二，就是太想要幫助他人，反而成為被助者成長的障礙，阻擋了案主的能力開發。

　　記得在2008年汶川地震時，我帶了9位學生投入災區的協助工作。當我們到達了德陽的共青團駐地時，負責人拒絕了我們。當時我不清楚到底發生了什麼事，因為我們是成都一個國有機構特邀去的，沒有理由拒絕我們呀！因此，我進入帳篷與負責人交談。在談話的過程中，那位主任表示出對於先前心理工作援助者的氣憤，就是因為他們的到來，造成了受災者更深的痛苦。那些「專家」非常想幫助災民，卻忽略了災民的現況與精神的壓力，這

引起了很多受災者的反感。當我很好地聆聽了主任的表述也特別的理解他的感受後，他改變了，願意讓我們進入一個災區。當下我就承諾我們就是一些遠方的朋友，不做什麼，僅只是與災民們待在一起（be with them!），如此而已。

真的，我們做到了。我們並沒有去「幫助」他們，就只是在孩童與青少年中帶帶活動，與成人及老人家們聊聊家常而已。別人開著私人包車，我們坐的是公車。最後離開的時候，還有幾位老媽媽非常捨不得我們，搶著為我們買公車票。我們非常的感動，反而是收穫最大的一群。我曾經將這個經歷寫成一篇文章《十元的車票》，想起來，至今還很感動。我們是朋友，而非「專家」。

諮商師自身的成長，是對案主的一個提醒。要成為一位有能力的諮商師，其最根本的條件就是自我探索、自我了解、自我突破與不斷地成長。換言之，一位諮商師是一個真實的、開放的、謙卑的、學習的人，如此才能更加地發展與成長。他是一個發展的過程，是一個成長的代表，為的就是提供案主更高品質的服務。案主在與諮商師接觸的過程中，直接就能體認到信任、希望與關愛。所以，現在熱門的話題－諮商師的勝任力是不言而喻的。

諮商師培養勝任力的幾個關鍵：

1. 盲點的認識

每個人都有盲點，榮格的說辭是「陰暗面」（shadow）。不了解我們的陰暗面，是很難有效地幫助別人。所以，認識自己的盲點極為重要。

2. 三觀的澄清

每個人都有價值觀、人生觀及世界觀，此體現了他的生活本質。超個人諮商師的三觀一定要與超個人體系相符合，如此才能達到更開闊的視野、全人的尊重、整體生命的關懷。不僅如此，還要能與不同價值觀的人相處，而不隨波逐流，人云亦云。除非有一顆開放聆聽的心，否則必定困難重重。一位諮商師，如果不明白自己的價值觀所在，而且還不虛心學習，那麼除了無法幫助他人之外，還會陷入生活中的困惑而不知所措。

3. 人格特質及傾向的了解

每個人的人格發展，個性的形成都與其過去的經驗、成長的環境、所受的教育文化有關，愈了解自己的過去，就愈能夠改變和突破局限。除了了解自己個性發展的形成原因外，諮商師還要了解自己的人格傾向，例如，是什麼類型的人，有何特質；和哪一類型的人相處得好，在哪種情形下自己內在的容受力特別小，在哪種工作環境下自

己特別順心……等等。至於對自我的優點、弱點、喜好……等等也都要深入地了解。只有不斷地認識自己，摸清楚弄明白自己的人格傾向及特點，才能有效地幫助他人。

4. 跟上時代的腳步

人、事、物是多變的，隨著時間的推移，很多東西都會有所不同，因此，為了解生命發展的軌跡，做相應改變與選擇是極其重要且必要的，否則的話，不僅是跟不上時代的腳步，且心靈也會隨之閉鎖。超個人心理諮商師的專業要求，就是要不斷地發展出獨立但與時代相呼應的意識，以便對案主提供最相宜的服務。例如，過去心理學是隨著當時經典物理學的標準，納入自然科學中。但新的量子物理學卻與東方的神祕主義有非常相合的觀點，理性思維已無法精準地測量存在，而直覺的整體經驗，反而是衡量萬事萬物的新根據。也就是說，諮商師在生活中要不斷地增加自己對事物的觀察力、洞悉力，並且反思、學習，才能聆聽時代的訊息。這就是對「道」的體悟。

5. 對自己關愛的增加

一個不會愛自己的人，怎麼懂得愛別人？這就是前述所述及的「諮商師的自身成長，是案主的反照」。這是什麼意思呢？其實，諮商師就像是一面鏡子，這面鏡子擦得有多麼亮，就能顯示出其幫助案主的能力有多少。諮商師是案主生活的榜樣，就像是一位醫生，如果

他老是生病，那麼他對病人的說服力一定是薄弱的。雖然，心理諮商師不是醫生，但在案主的眼裡，他就是一個心靈方面的權威，案主很容易在諮商師身上投射自己，所以看到一個積極與關愛自己的人，必定會影響案主對自己關愛的反思與學習。

6. 成為誠實的人

誠實是一個美德，但世上真正能做到誠實的人卻不多，人們總是有理由說謊，作假。有人更將一些不真實的話冠上「善意」和「白色」的高帽子。我以為，不能說真話的，就是對責任有所規避的人－不對自己，也不對別人負責。因為，即使是善意的，也不必說謊。中國有句古話：「不以善小而不為，不以惡小而為之」。說假話、為人虛假，都是不誠實的表現。就像小惡一樣，我們以為它不會有什麼大影響，但是久而久之，它就會像是一種壞的習慣，非常難改變，甚至影響我們的生活。誠實，是一種為人正直的與坦蕩蕩的態度，但並不表示任何東西都要「直統統」地毫無智慧的表達出來。語言有很多種（有聲語、行為語、心理語、心靈語），表述的方式也有很多種，人是可以變通的。培養誠實的目標，就是要培養一個人「承擔」、「面對」生活中所發生的一切責任。能夠承擔，這樣的諮商師所顯現的氣場是積極的，讓人信賴的。

7. 成為謙卑的人

謙卑，是每個人都需要具備的品德，尤其是心理諮商師，謙卑就像是一個空杯子一樣，可以融進所有的不同，接納所有的存在。當然，要成為謙卑的人是極其不容易的，除非，他開始承認自己的不足與軟弱，但又不會陷入自卑中；接受自己的優點與潛能，但又不被自大所淹沒。謙卑是一個具有生命力的生活態度，是一個開放的、願意成長、學習的過程。也因為謙卑，認識自己的盲點、了解自己並改變自己才有可能；也因為謙卑，才有機會跟隨時代的發展，了解其他存在物的特性；也因為謙卑，承擔責任，突破生命的局限才會成就；也因為謙卑，案主也才有可能成為不斷發展與成長的個體。

以上這七點，是我對有心成為心理諮商師的人，所提供的一些參考要件。用四個字來做總結吧：發展、成長。發展成長，是一個不斷的，突破的，轉化與提升的過程，它不僅是量的改變，且是質的變化；它不僅是向單一方向，單一層次的，且是朝多方向的，向上提升的，多維度的發展。用一個最容易了解的例子來解說吧！毛毛蟲變蝴蝶的過程，毛毛蟲，這難看的小動物卻是美麗蝴蝶的前身，它們的蛻變，就是「發展成長」的過程。

說了半天，一定會有人覺得奇怪，列舉了這許多怎麼沒有談一談諮商師「應該」是什麼樣的人，例如，會聆聽的、會理解人的、讓人有安全感的等等，我以為這些都是發展成長的自然結果，而非要件。

只要能不斷開放發展，持續地用學習的態度來成長，這些聆聽、理解、安全感等是必然要開的花、結的果。

「鏡子原理」是我喜歡用來解釋心理諮商過程的一個隱喻。諮商師就像是一面鏡子反照出案主的矛盾、盲點、期待；或是需求、渴望；或是困惑、挫折、痛苦等，然後幫助他恢復內心的平衡。由於人類的天性是不斷爭取獨立自主的，所以只有當案主在此鏡子上也「看到」了自己的問題所在，否則他是無法從困境中走出來的。這也就說明了「思想工作」一說道理，指導式為何沒有太大效力的原因。可以想見這一面鏡子是多麼重要。它需要經常保持明亮，才能發揮其最大功能。但諮商師的這面鏡子，又如何保持明亮呢？不僅是一時的而是時時的？那就是發展、發展再發展，成長、成長、再成長。

第四章 語言的種類

你抬起頭看著我，

我不懂你想對我說什麼。

我要你說出聲音來，

你笑了笑閉上眼，

我早就說清楚了。

只是，

你需要懂我。

活動一：有聲語和無聲語的體驗

時間：10分鐘

人數：2人

1. 第一次：兩人配對成為一組，一人閉上眼睛，另外一人帶著這個看不見的同伴一起到外頭走一走，整個過程是不發出聲音的。全程用無聲的方式完成。計時5分鐘。分享5分鐘。

2. 第二次：同樣的兩人，也是一起出去走一走，但這次全程可以發出聲音進行。計時5分鐘。分享5分鐘。

活動二：心理語言的體驗

1. 第一次：五人圍成一個圈，選一人站在中間。外圈四人將右手放在中間人的肩膀上，然後內心共同的說：「你真可愛，我很愛你。謝謝你」。計時5分鐘。

2. 第二次：五人圍成一個圈，選一人站在中間。外圈四人將右手放在中間人的肩膀上，然後內心共同的說：「我很不喜歡你，你真的很討厭」。計時5分鐘。

▋分享體驗

　　在進行數百次的實驗後，我了解到同樣的兩人出行，發出聲音和全程無聲的進行，有很不一樣的效果。有的被帶領者覺得剛開始「不說話」的時候，覺得很不舒服，因為一方面看不見內心很焦慮，二方面帶領的人沒有切合自己的需要。等到可以說話的時候，就覺得容易的多了，因為平常習慣了用聲音的語言交談，除去了許多的障礙。但有些人卻覺得不說話更好，因為無聲勝有聲，在無語的溝通中，反而內在有更多的平靜，能夠更沉下來探索與欣賞外界，且與帶領者更有深度「交流」的一種體驗；當可以用有聲語的交流時，反而覺得有很多的顧慮，無法深入而停留在表面上的應酬。

　　對某些帶領者而言，當他在無語中，能更專注地意識到自己如何帶領好夥伴，且注入了更多的關愛，覺得雖然是第一次相處，卻好像

認識了很久，而且也開始利用肢體來告訴夥伴並從夥伴的表情、肢體的反應來了解他是否懂得自己的意思。但也有些帶領者覺得很彆扭，因為無法了解對方的想法與感受而覺得很辛苦。反之，恢復到口語交流時，反而能夠更輕鬆的明白對方的需要。

其實，有很多原因產生這些差異，如個性、期待、文化等等，其中有一個占有主導影響的因素，就是溝通的語言。

語言，有很多種，大致可分為 以下數種：

一、口語（有聲語）

一般而言，我們所謂的談話，就是指平常的口語交流，而忽略了口語之外，還有其他的語言。大部分的人是使用有聲音的語言來交流，但仍有部分的人口是不用這種方式交流的。按照統計學的概念，我們只能說口語是「主流」溝通語，否則，那些暗啞之人，不是被我們排除在外了嗎？記得在大學的時候，曾參加學校的仁愛社團，主要活動是幫助那些盲眼人及暗啞的人。與暗啞者交往，如果靠口語，豈不只能抓瞎了？所以我們都要學一點手語，以便能順利溝通。在交流時除了一些輔助的「呀！」、「啊」的聲音外，是安靜的。此時會讓我們想起主流社會對暗啞人士其實是很有偏見的，包括了心理諮商領域，因為我們通常稱心理諮商為「談話療法」，指的就是口語療法，它是翻譯而來的，英語的原文是「Verbal」，它相當明確地表達出是用「口語」的方式做諮商與治療，而沒有限制它為「談話」。談話的

意思，是指與他人交流，達到溝通的一種方式，它包括了口語，但不限於口語。

「口語」就是靠著聲音與人交流，是要用嘴巴來說的。嘴巴說出來的東西，合不合適，對不對，都會影響與人的關係。口語是很不可靠的，因為很多時候人們內心所想的，跟說出來的不一致，這不僅無法達到溝通的效果，反而會傳遞出錯誤的訊息，甚至造成對方的誤解。更嚴重的是，有可能造成傷害及衝突，這其實是最容易堵塞溝通管道的工具了。有聲語，除了說出來的「話語」會有影響，它的聲調也會產生能量。譬如，一個人說：「我很喜歡你」，這本是一個傳遞喜悅的訊息，目的是要告訴對方我對你的認可。然而，我們的聲調卻可能造成不同的後果，因為有聲語的傳遞必與說話人的內心狀況有直接的關係：

1.說話的人用很興奮愉悅的心情來表達的時候，對方也會受到感染。

2.說話的人聲音低下，比較不好意思的表達的時候，那麼對方也會覺察到說話人的羞澀。

3.說話的人是虛情假意時，那麼對方也會很容易地覺察到說話人的不真實。

以上，只是舉出一些口語體現出的不同狀況。我們可以對自己的聲音語調進行一些練習與探索，那麼就能對它和內在的關係有更進一步的了解。

二、行為（肢體）語言

近年來，國內非常重視所謂的「微」語言，這的確是一個很大的進步，因爲要了解一個人，的確要關注其有聲語之外的表述。行爲語言範圍很廣，指的是身體隨著有聲語出現的行爲、表情或在無聲表達時用身體的全部或部分來作爲交流的工具，以便達到溝通。這是喑啞人士所用的主要語言，而我們口語正常的人也會在不知不覺中用這種語言來與人交流。譬如，當我們很高興的時候，往往說不出話來，此時就會用手腳來表達，就是所謂的「手足舞蹈」。

口語，人們大概使用10～20%來與人交流，而行爲語言的比例就大得多了。行爲語言可以是對語氣的加強，也可以是無意識的表達。「微語言」專家透過細微的行爲來檢視一個人的表達是否眞實。在超個人心理諮商中，身心靈整合療法很大部分就是用身體的疼痛與體態姿勢的呈現，來洞悉案主的問題。例如，我在輔導室裡就發現每個案主的每一個行爲都有很深但自己卻不知道的意義。一次，案主在講完話的時候將手遮住臉，問他是什麼意思，他很驚訝的發現有這個舉動。我就讓他將手放在臉上，要他去傾聽這個動作的涵義。案主體會了一會兒就說：「我在剛才說的那些話之後覺得很丟臉，所以要將臉遮起來，不要讓別人看到」。在討論過程中，他非常驚訝自己竟然有這種感覺。是的，行爲包括表情的微細變化，都代表著我們的內心經驗。即使想掩蓋，也難呀！

三、文字語言

　　文字也是一種普遍的交流工具，典型的有文章、書本，都是作者借助它們將自己的思想、感受或經驗寫下來，傳遞給讀者，這就是一種溝通。歷史上有一個很著名的故事，就是朱元璋推翻元朝時，老百姓用紙條夾在月餅中傳遞消息，約定在8月15日起義。這就是中秋節的由來。這也是利用文字作為語言溝通的方式。還有一個比較特殊的例子，發生在湖南省永江縣及其毗鄰的道縣、江華和廣西部分地區，是一種只有在婦女中流行傳承的神祕文字叫做「女書」，目的是為了躲避男性的窺探，而將內心的壓抑或痛苦在女性中分享交流的一種文字語言，是至今在世界上所發現的唯一女性文字。

　　在超個人諮商中，心靈書寫是很重要的一種方式來達到與內心連接，如此就能快速的幫助到案主，了解問題。

四、藝術語言

　　這種語言比較廣泛，包括穿著、繪畫、舞蹈、活動、音樂等，凡是不透過口語而是藉用藝術材料的方式來做自我表達或與他人溝通的表述方式，稱之為藝術語言。很多藝術家就借助街頭藝術來對團體、社會、國家做訴求。在藝術領域之中，藝術家們透過繪畫的方式，將自己的思想感受展示出來，如世界最著名的畫家之一畢卡索（P. R. Picasso），就是很前衛的一位。在許多人看不懂的抽象畫，對他而

言，卻展現了他內心的複雜性與前瞻性。另一位在藝術界上有名的華人舞蹈家林懷民，借助舞蹈的形式，讓全世界的人了解中華民族的文化、生活方式，和其內心的世界。在超個人心理諮商中，表達藝術療法是很實際、很容易進入到案主內心的重要方法。

五、心理語言

除了上述的有聲語、行為語、文字語、藝術語，另外一種很重要的就是心理語言，也就是我們口中沒有說出來的，隱藏在內心的、或者是壓抑的情緒。所有的情緒都是能量，它們會隨時隨地的以波的形式，傳送出來影響周圍的存在物。現在讓我們想一想，哪些人你特別喜歡接近？或是最害怕接近？或是哪些場景是我們最不想要回憶的？這些在日常生活中我們很少去表達，卻形成一些所謂的心結或情結，影響著我們的生活。

有一次，我和一些工作人員去一所幼兒會所教學，在路上，就覺得很難受，但是不知道怎麼回事。繼而檢視自己，覺得當天自己的心情還算平穩，也沒有什麼不舒服的地方。到底發生什麼事？為了了解怎麼回事，於是就在車上提出了這個問題，原來有一位同事身體不舒服，覺得疲累，情緒低落。當我提出來之後，他才有所覺察。很有意思的是，當他意識到是他的疲累時，我的難受就消失了。當然他很驚訝我能感應到他的狀況。這就是心理語的魔力。鬼谷子曾說：「口是心之門戶」，很多的專家也告訴我們要謹慎口舌，在此要提醒的是，

不用口，我們的心理狀態照樣會說話，我們的每個細胞都在表述現況。因為我們是能量體，會彼此感染。能不慎乎？

六、精神語言

此種語言是表述出我們的精神狀態。眼睛為靈魂之窗，是體現出一個人精神最重要之處。有一個真實的故事是這樣的：有一位藝術家想要畫一個天使，他就在街上找，找了半天終於找到了一位天真無邪的年青人，他的眼睛流露出希望，喜悅與純淨之光，藝術家非常滿意，就畫下了一幅名為「天使」的畫像。時間一天天的過去，20年之後，藝術家年紀漸漸大了，想要畫一幅魔鬼來對應天使。他又在街上找。他找呀找的，終於看見了一位眼露凶光，一臉仇恨的人，他很滿意，就問那個人願不願意成為他的模特兒。那人問他，「你要畫什麼？」藝術家回答：「魔鬼」。突然這個人掩面而泣，他問藝術家是否以前畫過一個天使，藝術家非常驚訝他怎麼知道。這個人回答說，我就是那位天使。藝術家不勝唏噓！

這就是精神語言的呈現，中國人說「相隨心生」，就是這個道理。生活中我們會形容某個人是「仙風道骨」，或是「氣質高雅」，或是「冷漠高傲」，或是「陰氣沉沉」，都可以說是一種整體精神面貌的表現。我們也都喜歡與隨和的人交往，而對看起來嚴肅冷漠的人退避三舍，這就是個人整體存在的狀態和體現。心靈語言是比較深層的無聲表述，它不是靠能力達到的，而是生命的修煉。超個人心理諮

商師要達到的最高境界，是與此有根本關係的。

▎語言是一種能量體

　　無論是哪一種語言，都與能量的傳遞有關，有聲的口語，說出來之後，會讓人生氣或快樂，憤怒或哀傷，那是因為它的聲音傳遞了相應的內心情感，會發出振波，會與對方產生共鳴，在其內在引起反應。所有的無聲語言也是一樣，不僅是在人與人之間，所有的存在物之間都會發生振波，引起反應。日本作家江本勝曾寫過一本《水知道答案》，他用122張水與人的溝通所產生的效果，用科學的觀察讓我們知道水能聽、能看、能知道生命的答案。當人們憤怒罵它的時候，水的結晶是紊亂的，當人們開心的對它說我愛你，水的結晶是美麗無比的。因為這種科學的研究成果，造成了現代人在養牛的時候聽莫札特的音樂，肉質特別鮮嫩；釀酒的時候，聽柔美的古典音樂，酒的味道特別柔和；甚至在種草莓的時候，讓草莓聽一種特殊的音律，草莓的產量會大大地增加。這些能量都會在不知不覺中影響到他人與環境。

　　身為超個人心理諮商師，我們不僅要了解萬物之間能量的互動關係，要重視自己的能量狀態，尤其是我們的情緒能量。只有覺察到我們的能量度，才能增進與自己和與他人的有效溝通，從而能夠有效地幫助我們的案主。

第五章

心理諮商的階段與過程

生命是個旅程，

是階段的連接，

我在你左右，聆聽與等待著

直到完成。

心理諮商的成功關鍵，說實在的，不是在於諮商師的技術有多麼高超，或是他的人格有多麼的迷人，而是在於案主對他的「真實」、「安全」及「關愛」的體驗，以及願意「開放」、「信任」的程度。因為，諮商師就是一個生活的榜樣，案主與他在一起，經驗到的就是「信」、「望」、「愛」，若能如此，則心理諮商自然會水到渠成。技術是可以「做」出來、可以是虛假的，也許它可以暫時讓人信服，但久了，這種信服終究會崩潰。那時候，案主不僅不信任諮商師，反而會對他產生反感與懷疑。

心理諮商的過程，就是透過信任，案主可以自由自在地毫無戒心地分享內心的一切痛苦，然後在諮商師的有效陪伴下，自覺地了解到問題的核心，並找到解決問題的方式，進而採取行動改變困境。

　　一般而言，心理諮商的過程，因著諮商關係的發展與深入，我們可將其分成四個階段。在細說這四個階段之前，首先要說明的是，這四個階段不是硬性的1、2、3、4排列順序，有可能是混同，迴圈或交替的。這就要靠諮商師的經驗、成熟度、觀察力、自我覺察力、洞悉力及智慧力。

▌第一階段：建立良好的關係

　　「信任」是此階段的基礎，基礎若不穩固，諮商關係就會產生困難而無法進展。在此階段，專注（attending）、聆聽（active and deep listening）及同理心（empathy）是幾個傳遞諮商師真心與誠意的關鍵要素，尤其是初層次同理心的運用。為什麼說初層次的同理心比高層次的同理心合適？因為在此階段，案主與諮商師初識不久，問題與情緒尚處在「隱涵」的狀態，需要給諮商師時間調適與案主的互動。此時，案主還不確定諮商師有沒有辦法幫助他，所以必須先試試諮商師是否有能力、有功力及有效力。只有當他信任了諮商師，產生了安全感，心扉才能敞開分享內心的痛苦。

　　除了專注、聆聽與同理心之外，尊重、真誠，亦是幫助建立良好諮商關係的重要元素。什麼是尊重與真誠？對於心理諮商的專業而言，由於它與「心理健康」有關，而一般人因缺乏正確的觀念，往往將案主與「心理有病」連在一起。已開發國家如美國是如此，在此專

業才起步的中國更是如此。許多人認爲心理諮商是爲「瘋子」或「心理有障礙」而存在的。案主難免也會擔心自己被看成是沒有能力的、軟弱的、愚笨的或是有神經病的人，所以尊重與眞誠的態度，是讓案主覺得被接納及未被排拒的重要關鍵。

　　總的來說，此階段的進行速度較緩慢，諮商師要有耐性，不要想太快的讓案主進入問題的所在，或是提出解決問題的建議，一方面因爲時間太短，無法了解案主所提及的是表像問題還是主要問題，二方面很可能會讓案主覺得被催迫而產生緊張、焦慮或反感。我見到很多的諮商師對心理諮商有誤解，他們認爲案主來就是要「解決問題」的，所以要建立起案主對他們的信任，就需要快一點提出解決方案。是的，心理諮商的最後目標是要解決問題，但快速的解決方案，是不是眞的能夠「有效」？是值得商榷的。

▌第二階段：了解問題所在

　　初步的諮商關係建立之後，就要開始協助案主發掘問題的所在。

1. 具體問題的探索

　　一旦信任安全的關係建立了，就可開始進入問題的探索。例如，探討案主對有關人、事、物的看法、想法及感受，且要深究問題的發生、過程及其根源，此階段同理心極爲重要。此時，除了運用初層次

同理心，也要開始運用高層次的同理心（高層次同理心很難運用，不妨用挑戰加上初層次同理心也可以），以協助案主了解自己的盲點、矛盾，或是一些糾纏不清的，以及隱藏在內心深處的壓抑。

在進行問題探索時，要愈具體愈好。什麼人？什麼時間？什麼地點？如何發生？怎麼發生？為什麼發生？對案主有什麼影響？這些都是可以了解的脈絡。其實，在生活中，人們常常看不到問題的所在，那是因為人們有逃避責任的傾向。面對責任，往往意味著要面對掙扎、痛苦，所以鴕鳥心態是人們的常態表現。故此，用具體的方法來使案主踏踏實實的「看到」、「摸到」問題的所在，這是很重要的。除了「探索」之外，「澄清」在此階段也是重要的技能。人與人之間有許多的問題是由不溝通，或者不良的交流而造成，澄清能夠幫助問題的釐清。在探索的過程中要案主講「具體發生的原因、事件」而非僅作觀念或感受的陳述。例如，案主說：「我真的很不喜歡行政工作，因為它很繁瑣，我常常覺得一個頭兩個大」。諮商師說：「請你具體的舉一個例子，這樣我會更清楚些」。如此，問題就會具體化了。

2. 目的及期待的探索

案主來找諮商師談話，他一定有個目的或期待，他或是想對困境、問題、挫折有所解決，或是需要傾訴一下內心的痛苦情緒，或是受到虐待想求得保護，或是知識缺乏想要得到知識上的補充……等

等。了解案主對諮商的期待是極為重要的，否則就會漫無方向。一旦諮商過程沒有一個方向，案主或諮商師就會陷入無聊而不想繼續的困境。再者，若是案主的目標及期待超過諮商師的能力範圍，諮商師就必須早早告訴案主或是停止諮商，或是轉介。例如，案主是一位父親，他的目標是需要諮商師來改變他的孩子。在此情況下，諮商師就必須認識到自己有沒有能力：一方面孩子不在，只有案主，諮商能達到這個目標嗎？如果要求孩子來，有可能嗎？二方面案主願意面對他自己的問題嗎？這些都必須與案主開放地交流並作進一步的探討，以免浪費案主的時間與金錢。

▌第三階段：更深入地進入問題的核心，增加案主的「自我意識」或「自我覺察」（self-awareness）能力，從而發展出解決問題的方案

　　從上述那位想要改變孩子的父親的例子來說吧，他表面問題是要改變孩子，但事實上問題真的只是孩子嗎？父親在這個問題上，是什麼立場？他與孩子之間的關係怎麼樣？家裡的其他人呢？而這些往往是隱藏在他未意識到的，或是想掩蓋的層次。

　　藉著挑戰、真實性與同理心的運用，諮商師在此階段幫助案主慢慢地進入到更深的問題核心所在（這才是主要問題），並促動他認識「真正」的問題。必要時，諮商師可藉著積極地自我經驗分享來支持

案主，使其不覺得孤軍奮鬥，繼而產生希望。一旦希望燃起，諮商就已成功了一大半。此時，就可與案主共同探討他在與孩子的關係上能做些什麼來改變現狀了。

▌第四階段：到了此階段，由於問題已澄清得比較清楚，改善困境或解決問題的方案與步驟就可設定並採取行動

任何解決問題方案的提出，原則上是案主採取主動，而諮商師處於協助與支持的地位。在此過程中，他要學習「信任」自己有能力來處理，並從行動中激發自信與自尊。

當案主擬訂了一個計畫之後，要將具體的步驟一一列出。針對這些步驟，諮商師可提出自己的看法，以協助其更全面些。在案主執行這些步驟的過程中，諮商師要全然地支持與鼓勵。當問題解決之後，也就是諮商關係結束的時候。

▌注意事項

在諮商進行的過程中，我注意到一些現象的發生，在此提供給諮商師們作參考：

1.有時候，案主來到諮商室後，因與諮商師是陌生的，可能會有

些不知所措，諮商師除了用溫暖的態度來幫助他放鬆之外，也可直接詢問他來諮商室的目的。有清楚的目的之後，案主與諮商師就有了一個交談的重點。這樣，諮商的會談就會有一個很好的開始，而不會鬆散而漫無目的。

2.有時案主來的時候，不僅僅只帶來一個問題。此時，諮商師就要幫助他找出一個最為重要的問題來處理。等到第一個問題處理完之後，再進行其他問題的處理。

3.有時候案主一來到諮商室就談到了他的問題，且立刻要諮商師給他答案，幫助他解決問題。有些諮商師會很容易的隨著他而起舞，立刻要幫助他解決。其實，這個時候，諮商師要能沉得住氣，用同理心、專注與聆聽，先讓他覺得其「急迫性」被理解到，只要案主覺得諮商師能夠「聽到」並懂得他的著急，他反而能靜下來，慢下來，然後真正的問題才有可能出現。若真的按照案主的著急而給了建議或解答的方案，往往無法真正幫到案主，因為這證明了諮商師缺乏自信與客觀。所以，諮商師要很謹慎。

人生的情況變化無常，諮商關係也是如此，無論諮商過程如何的改變，切記要有彈性、自主性，也要記得「無條件」的愛與關心是諮商關係成功的基礎。

第六章

專注與聆聽

我在這裡，用耳，用心，

與你同在

聲波在你我之間迴蕩著，

因爲有心

你安了，靜了，定了。

　　首先要說明的是，我並沒有用大眾所常用的「傾聽」，因爲這個名詞不足以表達眞正的聽到。眞正的聽到，一定要用耳，要用心。聆，是令我們要用耳朵來與外界的聲音連結；耳朵到位了，就要用到心了。拆開「聽」這個字，我們可以看到左邊是「耳+王」，右邊是「十四個一心」。也就是我們要用心來與耳朵合作，如此才能眞正地做到專注與聆聽。心理諮商師非常重要的就是能夠聽到案主的敘述，因此要注意人到、耳到、心到。

活動一：

　　1.一個人先講話5分鐘，另一個人不專心地聽（不能讓對方明顯

的察覺到你的不專心）。

　　2.角色對換再做一遍。

　　3 經驗分享。

活動二：

　　1.一個人先講話5分鐘，另一個人專心地聆聽。

　　2.交換角色再做一遍。

　　3.經驗分享。

活動三：

　　1.一個人用「心」先講話5分鐘（非口語），另一個人專心地聆聽。

　　2.交換角色再做一遍。

　　3 經驗分享。

　　從此活動中，很多人發現要聽到對方所說的一切是多麼地困難！尤其是人們用「心」作無聲的表達時。根據心理專家們的研究與觀察，要能真正地做到聆聽，人們需要有高度的專注力，同時放鬆與自在才行，但要能做到這一點真的很難。人與人之間之所以會產生溝通的困難和誤會，多半是因未能聽到對方所說的，或是選擇性的聽到部分，或是錯聽了，或是用自己的經驗來理解對方所說。一般而言，專注和聆聽是一體的兩面，彼此有依存的關係。沒有專注，聆聽是一種假象；沒有聆聽，專注亦不太可能完成。身為專業人員的心理諮商師

若缺乏專注與聆聽的能力，再有學問、再有本事也做不了諮商的工作。

　　以下先談一談什麼是專注及其重要性，之後再詳述聆聽及其重要性。

▌專注與其重要性

　　小劉是個愛說話的人，講話是一連串的，沒有逗點。有天，他來到諮商室找我。一見到他，我心中就打鼓。我的天呀！聽他講話很費勁的。我得非常非常地專注，否則，我很快的就會失去他說話的重點。因此，在他入座後，我就將我的精神集中，我自己都覺得好辛苦呀！

　我　1：「你好呀！」（我都可以覺得自己的用力。）

小劉1：「你好！我好久沒有來見你了。真的很高興。我今天的問題是……」。

一如既往，小劉開始滔滔不絕地述說他的問題。

　我　2：「你說的是……」（我嘗試著重述他的話，想要抓住他到底說了什麼。然而，我的思想是散的，我竟然沒有辦法掌握住他說的東西。我感覺到自己的焦慮。）

小劉2：「你沒有聽到我說的……」（他有點懊惱。）

　　專注是一種「臨在」（presence）的表示。所謂的臨在，是指一個人整體（生理，心理及精神）全然存在的一種狀態。不知讀者是否經驗過當自己與別人講話時，人似乎在，但心神卻不集中，最後竟不知對方在說些什麼。我在那次諮商與小劉的經驗就是，腦袋非常的集中，但是心神卻散掉了，因爲我太努力了。

　　生活中，還有些情況感覺到對方並沒有專心的在聽自己說話，雖然對方「好像」很注意聽的樣子。

　　無論哪種情況，對話很快地就會結束，因爲說話的人，或著會覺得不被重視，或著會猜測聽者不想繼續談話，或者會以爲自己說錯了什麼。當然，也有人用此心神不專一的方式，作爲結束他認爲是無聊談話的手段。這種心不在焉的態度，就是所謂的不專注。

　　什麼是專注？專注是對他人的一種尊敬、重視、接納及關心的表現，它是一種行爲，也是一種態度的體現。與人相處，我們並不需要時常用「口語」來表達我們的關愛。專注的本身，就是關愛的最佳表示。「口語」可以騙人，一個人的態度卻是最誠實的。

　　以前有人詢問說：「我要去看個病人，但我不知道說什麼好。說他快好了，我知道，他也知道，這非眞實。有時候我覺得很尷尬而且很難。」其實，很多情況是「無言勝有言，盡在不言中」。你看過在戀愛中的人囉哩囉嗦，滔滔不絕嗎？很少吧！因爲此時的話語成了一種障礙。專注的態度，熱切的眼神，就足以表達內心的一切。看病人如此，拜訪親戚朋友如此，與朋友交談也是如此，而諮商情境也是如

此。有時言多反而壞事呢！

　　專注也是一種開放、肯定與願意幫助他人的表示。當一個人表現專注的態度時，他對說話的人表現了肯定的，開放的邀請——他似乎在對說話的人說：「請講下去，我覺得你說的東西很有意思，我願意聽。」如此，說話人的興致就越來越高。譬如，一位老師最希望就是有對其所教的東西很專注的學生，這表示學生有興趣學習。它也是一種願意幫助的表示，例如，一位心理諮商師專注的態度，會讓來談者感覺到願幫助的誠心，如此他才能開放的、信賴的講真話。

專注的種類

　　要成為專業的心理諮商師，專注的能力是必備的。不會專注，是無法得到案主的信任與開放的。

1. 生理上的專注

　　可稱為初層次或外在的專注。指的是一個人身體的專注，在正常情況下所呈現的是，與對方保有適當的距離，呼吸平緩，身體放鬆微微向前傾，眼睛看著對方，臉部的表情隨著談話內容的改變而有所變化。

2. 心理上的專注

　　可稱為中層次或內在的專注。此種專注已進入一個人的內在經驗

中，它包涵了情緒、感受、思想及信仰等主觀層面的東西。會深深地影響此人在客觀上的認知與判斷。除非有很強的自覺性，它的變化不再像外在的專注那樣可以輕易地被察覺。它的專注較生理專注更細微，以致會造成一種氣氛，對方可直覺地「感受」到你對他的接受與否，雖然他無法明確的用語言形容到底真正發生了什麼。

3. 精神上的專注

可稱為高層次或深度的專注。從超個人心理學（Transpersonal Psychology）及中醫的原理來看一個人的發展，精神的健康是人們所追求的最高層次，但也是最難達到的。精神專注不再只停留在思想、感受或外在行為姿態的表達，它是一種活力的表現、能量（energy）的散發與存在的狀態。我們有時形容一個人很有活力或朝氣，我們會說：「這個人很有精神」。有時形容一個失戀的人，會說：「這個人失魂落魄」。一個人可以假裝在生理及心理上很專注的樣子，但卻隱瞞不了個人的精神狀態，因為它體現在整個人的「存在狀態」上。

總的來說，這三種專注是相互影響的，意即，當一個人的生理專注改變時，心理及精神的專注也會相應地改變。舉例而言，當一個人和另一個人分享痛苦時，這個痛苦若引起了對方的同情，那麼對方就會產生心理變化，這指的是難過或是哀傷等情緒，而此心理變化又會造成此人生理的變化，他的呼吸可能會變得急促，眉頭皺起來，眼睛

濕潤，身體向前傾等等。這些改變會強化他的生理及心理的專注度，心神會更為凝注，更專一地來傾聽他人的分享時，他的精神專注度也被強化了。這些變化經常是發生在不自覺之中，換句話說，這三種的專注是相互影響的。

▌聆聽與其重要性

聆聽，一方面是反映專注的結果，另一方面亦牽涉此人是否用了心。只有真正專注的人，才能聽到對方「真正」說話的內容，否則不是聽了半邊就是聽錯了，此點可不用贅述，相信多數人或多或少有經驗。至於客觀性，一個人從小到大都受其家庭環境的影響，對事情的理解與看法也脫離不了主觀的背景與文化。一件事，兩人來看，也許會有完全相反的判斷。例如，有一個人在哭，甲看到了馬上去向他問候，因為甲的第一個反應是他一定受了委屈，甲要幫助他。但乙的第一個反應是厭惡的，他不要去幫助這個人，因為哭是弱者的表現，不得同情。在此情況下，甲、乙二人對此人的看法多多少少就會影響到聆聽的能力及所聽到的訊息。

聆聽的種類

除了要專注案主外，聆聽是與專注配套的重要能力。故懂得分辨聆聽的層次極為重要。

1. 表面上的聆聽

嚴格地說，表面上的聆聽並不是一種聆聽，因為它只聽到了對方所說的話，但並不了解其意義，是一種最初級層次的聽話技術。

2. 積極地聆聽

積極地聆聽不只是聽到對方所說的話，且聽到其弦外之音——它包括了面部表情、手勢、聲調、呼吸的速度、身體的姿勢。例如，對方告訴你說：「我很好！」但他兩眼無神，雙手下垂顯得無力，聲音低且軟弱，如此的行為是表示他很好嗎？換句話說，積極地聆聽不僅要聽到對方所說的話，也要注意到非口語的其他表示。

3. 深度地聆聽

深度地聆聽比積極地聆聽還要更進一步。深度地聆聽，要聽話的人能「感同身受」，去體會對方所經歷的，所感受的。一般而言，此種高難度的聆聽方式是用在夫妻關係、家人關係上，為的是激發內心的親密感。心理諮商師如果進入這種聆聽，就需要對自己有相當了解、相當成熟，不僅不會受到案主經驗感受的影響，且能感同身受而不陷入其中。是非常難的一種聆聽。

4. 整體地聆聽

整體地聆聽是一種對案主的過去、現在及可展望的未來，都用包

容、接納的態度來面對。它是最難的聆聽方式，聽話的人要在修養上有很深的功夫才能做到，必須要有無條件的大愛做基礎。在聽話的過程中，諮商師必須時時意識到自己的主觀、成見、偏見及經驗，並避免它的影響，以保持價值中立的客觀態度。例如，一個殺人犯，他之所以會殺人，一定有其過去的造因與理由。現在是殺人犯，並不表示他一輩子是壞人。他或許是未來的菩薩也未可料呀！用這樣的一個了解及包容的態度來聆聽，這就是整體地聆聽。

▍聆聽的內容

諮商關係是建立在安全與信任之上，與案主的互動是否會進入深度的層次，與彼此的「了解」與「知心」有很大的關係。故此，為了要維持對案主說話時的專注與聆聽的高效度，並能夠徹底的明白他說了什麼，諮商師必須要學習「聆聽到」他所說的內容。一個人的說話內容大致可分為四類：

1. 經驗

經驗指的是一個人對事件的經歷。例如：

(1) 我常常有不舒服的感覺出現，尤其是在吃過早飯之後。

(2) 每當我看到別人生氣的時候，就會跑掉，不想跟那個人說話。

(3) 他常常在外面吃飯，不在家開伙。

(4) 這個世界是男人的世界，女人不太受重視。

2. 行為

在每一個經驗中，一定包含了做與不做的行為。這些做與不做的行為，可以幫助我們具體的了解一個人面對事件發生的反應：

(1) 你與別人說話而我被忽略的時候，我頭痛。

(2) 我尚未開始找工作，但我知道我找不到合適的工作。

(3) 當你高聲唱歌的時候，我很快樂，想要跳舞。

(4) 當你批評老王時，我就裝沒看見。

3. 感受及情緒

每個經驗及行為的表達，可停留在「理性」的階段。此種人際交往，是停留在膚淺的表層之上，而未能進入深層的內心。若要進入內心，必定會碰到一個人的感受及情緒，如果聆聽及反映對方的感受是正確的，人際關係即可容易地進入深層階段：

(1) 當我經驗到不被尊重的時候，我覺得很丟臉。

(2) 當我被開除的時候，我覺得很憤怒。

(3) 當我離開父母的時候，我覺得很害怕。

(4) 當我考上大學的時候，我覺得很高興。

4. 想法

一個人在不斷地經歷類似的經驗，產生了相似的感受或行為之後，就會產生想法，來作為日後的行事做為的指引。當然也有人在產生了單一感受之後，就「立即」會有想法，以作為行為的指導方針。想法會隨著經歷與時間的遷移而改變，若能聆聽到一個人的想法，就容易幫助我們對他的了解。例如：

(1) 找工作找了幾個月，什麼眉目都沒有，我就是一個沒有用的人。

(2) 你看那些有錢的人都是自私的、狹窄的，我相信錢會使人自私與狹窄。

(3) 我的母親很可愛，待人和善，鄰居的媽媽們也是如此。因此，凡是做母親的人，一定都是很和藹可親的。

(4) 東方人都是保守的、內向的；西方人則是開放的、外向的。

依據經驗、行為、感受及想法的分類，來聽他人所說的話，就能幫助我們「聆」聽到其所說的內容，且同時也能掌握到其言下之意，尤其是對感受及情緒的掌握，更能讓案主覺得安全與信任，這是諮商關係最為基礎的要素。

專注與聆聽的體現

如何能將專注與聆聽具體的呈顯出來？每個人在說話的時候，似

乎用了大腦，但實際上卻沒有真正「過」大腦，所以人們常說「說話不用腦子」，就是這個意思。透過重複案主所說的，讓他有時間空間停下來，聽聽自己到底說了什麼，一方面為他整理思路，另一方面讓他「過過腦子」，緩慢下來。由於語言有多種，所以聆聽是針對所有的來反應，就類似「鏡子作用」而已。

一、肢體

1.距離：與案主的距離是兩人都覺得適合的，不可僅僅遷就案主。要知道，諮商師與案主是「一體關係」，彼此息息相關，如果只是以「案主為中心」，那麼諮商師就會被忽略，那麼在自信的過程中，勢必影響結果。反之亦然。既是一體，必須關注到雙方。

2.客觀中立反映案主的肢體、聲音的表現：這就是要及時將案主的肢體動作、臉部及聲音高低反映出來。語言包括了肢體、表情、語調等，這些都是「隱含語言」，表達了很多潛意識資料。透過專注與聆聽，諮商師多方位的反映案主的內隱、外顯的語言，對他的自我了解有非常大的幫助作用。例如，看到了案主一邊說話，同時歎一口氣，此時可以在反映他說話內容的同時說：「你歎了一口氣」。僅僅反映，不要探索。

二、口語

　　一個人在說話的時候，往往沒有很仔細思考說了什麼。透過專注及聆聽的反映出他所說的，給他一個「覺察」的機會。通常對口語的表述有下列幾種：

　　1.短句重述：如果案主表達的是短句子，照章重述即可。但是「用心」的態度至關重要，因為往往短句也有相當重要的訊息。

　　2.簡述語句：案主在敘述事情時，常常會用很長的句子，很多的話語。此時，諮商師要能夠很技巧的從中切入，將長句簡要的反映給案主，在不知不覺中，讓他說的從表層進入較深層次，一方面案主會覺得「被聽到」，同時不會停留在表面的漫談，能進入問題多維度的呈現。下面的幾個例子是簡述語句的呈現：

例一

案　　主：「我覺得人生很沒有意思，因為大家都是爭來爭去，只顧自己。看看世界上有那麼多的貧窮人，無論是物質上、精神上或心理上，可是卻沒有人要去幫助他人。人都很自私，我真的很生氣。人與人為什麼不能彼此幫助！」。

諮商師：「你對人與人之間的自私，自顧自的行為很生氣，覺得活在人世間沒什麼意義。」

例二

案　主：「我真的很不明白同性戀的人，他們怎麼能夠女人愛女人，
　　　　　男人愛男人呢？」

諮商師：「同性的人相愛，你覺得很難了解。」

例三

案　主：「我對老公頗為生氣，因為他只顧到自己的工作，從來就不
　　　　　注意到我，我整天也是累得要命，但卻還得分心照顧家，雙
　　　　　重的累呀！」

諮商師：「你除了上班之外，還要照顧家，非常的累，你對老公只顧
　　　　　工作的行為很不高興。」

　　上述三個對話都是諮商師將案主所要表達的重點清楚地反映了出
來，這就是專注與聆聽的具體表現。專注與聆聽的基礎，是建立在尊
重之上，無論案主說的話聽起來多麼不合理，諮商師仍要準確地反映
他所說的，因為從案主的角度而言是非常有道理的。它不是說服，不
是講大道理，只是不自衛的將對方所說的一切，用重點的提示反映給
對方，目的只是讓對方明白，他所說的「被聽到了」，沒有任何判
斷，只是「聽」而已。

　　3.語調：案主在陳述的過程中，他所表述的聲調，也是我們要專
注與聆聽的重要因素。如果案主聲調是低沉的，諮商師切忌高音；是

興奮的，諮商師切忌是低調的，除非我們有其他目的……以此類推。

　　簡而言之，專注與聆聽的具體作法，就是將案主所說話的內容，依經驗、行為、感受及想法用最精簡的、重點的語言，用提示及反映的方式傳遞給他，讓他覺得自己聽到了他所說的。只要覺得被專注到、被聽到，案主就會覺得被關心、被尊重，這就達到了專注與聆聽的效果。

▌結　語

　　專注與聆聽是建立有效諮商關係重要的因素之一，因為它代表了對他人的尊重與關懷。有的人在其一生中，沒有經驗過真正的尊重與關懷，卻有不少有條件及假象的關懷及尊重的體會（如一個人關懷你的目的，是因為他需要你的關懷；他對你好，是因為他需要你做他的朋友……）。所以，一旦經驗到真正的尊重與關懷時，他能很快地敞開心門，接納諮商師。

一般人專注與聆聽的練習

一、每日觀察自己做事的態度，是懶散的、分神的、作白日夢的，還是集中的？

二、每日觀察自己是否聆聽自己的身體狀況、心情、感受、經驗及想法？

三、每日觀察自己與他人的交往態度，是抗拒的、判斷的、心不在焉的，還是很中立的？為什麼？

四、1. 第一個月，每日對一個人練習「專注」的態度。

　　2. 第二個月，每日對兩個人練習「專注」的態度。

　　3. 第三個月，每日對三個人練習「專注」的態度。

　　4. 第四個月，每日對四個人練習「專注」的態度。

　　5. 依此類推逐漸增加對他人的專注練習。

五、1. 第一個月每日觀察自己與他人的交談及互動，只是表面的聆聽？是敷衍的？還是進入深度的、全人的聆聽？

　　2. 這種觀察持續三個月，並寫下記錄。

　　3. 第四個月開始不僅觀察，還要將聆聽的技術運用出來，並覺察自己聆聽他人時的狀況。到底發生了什麼？為什麼？更深入地了解自己聆聽的困難，並且處理。

六、持續觀察、覺察，並改變聆聽他人的方式及態度。如此，技術就能成為技能。

諮商師專注與聆聽的練習

一、日常練習

　　1. 每日觀察自己做事的態度，是懶散的、分神的、作白日夢的，還是集中的？有何肢體訊息？聲音有何變化？與人的距離如何？有無特殊表情？

2. 每日觀察自己是否聆聽自己的身體狀況、心情、感受、經驗及想法？為何如此？

3. 每日觀察自己與他人的交往態度，是抗拒的、判斷的、心不在焉的，還是很中立的？為何如此？

4. 每日觀察自己與他人的交談及互動，只是表面的聆聽？是敷衍的？還是進入深度的、全人的聆聽？有沒有肢體表情聲音及其他的外顯無聲語言？

5. 練習重點反映，及簡短提示他人的說話內容，並反映他人的外顯無聲語言。這是一個技術，需要多練習才會成功。

二、簡述語句練習

1. 我真的很討厭他的樣子，是那麼做作與矯情。我不想再跟他見面，我真的不想要跟他做朋友。但是我卻不能拒絕他，我害怕得罪他。看起來，這件事情還真的不好辦。

   簡述：

   _____

   _____

2. 生命是很重要的，很有價值的。為什麼這麼多人不珍惜？我想不明白，每年都有至少25萬人自殺。我真的不懂，為什麼？為什麼？難道他們不會覺得對不起他人嗎？難道只有他們在辛苦的過日子嗎？

   簡述：

   _____

   _____

3. 今年是世界很動盪的一年。真是奇怪，這麼多的人，這麼多的民族，這麼多的人，不是一切都會自我平衡嗎？為何會動盪？難道大家都受到波及

嗎？是何道理呢？有老天在安排一切嗎？我真的想不通。

簡述：

_____

_____

4. 我是個小孩子難道就有錯嗎？大人為何一切都是對的？我覺得最沒有道理
的人就是大人。他們不聽我們，還自以為是。難道他們從來沒有做過孩子
嗎？憑什麼這樣的對待我們？我長大了就要用同樣的方式對待他們，讓他
們嘗嘗我們的痛苦。

簡述：

_____

_____

5. 到底什麼是科學？科學不是不承認奇怪的現象嗎？如氣功，或意念控制
嗎？可是自從量子科學開始之後，經典的物理學很多的理論被推翻，但是
還是有那麼多的科學家繼續堅持。到底什麼是科學？目前有所謂的腦機接
口技術，就是用大腦來控制無人機，無人駕駛小汽車等，就是用意念控制
外物呀！難道不科學嗎？

簡述：

_____

_____

第七章

感受，在諮商中的運用

在人海中，尋尋覓覓

找個知音，難呀！

直到

覺得被理解

因為內心的痛苦被接納。

2009年1月21日晚上，來自中國寧波25歲的朱海洋，就讀於美國維吉尼亞理工大學農業經濟博士班，在該校研究生宿舍一樓的Au Bon Pain餐廳喝咖啡，竟然在無爭吵的情況下，將來自北京的研究生，21歲的楊欣當場「斬首」。是的，斬首，死狀極其恐怖。全場的人都震驚了，我看到這則消息也驚訝不已。一個學業成績如此優秀的年輕人，他為什麼這麼冷血？這個案子也讓我想起來多年前的清華大學學生劉海洋用硫酸潑動物園的熊，以及幾年前轟動全國的馬加爵殺四位同學的案子。

出了什麼問題？他們難道沒有理性嗎？難道沒有頭腦嗎？難道不想一想嗎？其實他們不是沒有理性，不是沒有思想，問題也不是出在

理性或頭腦上，而是出在「情緒」上。他們沒有注意到情緒的重要，也沒有循著情緒的變化來了解問題的根源，而是用「合理化」、「隔離」甚至「昇華」等防衛機制欺騙了自己，將不舒服的感受壓了下來，為的是「冷靜」的面對，因為這才符合這個世界的要求，符合一般人對成熟人的標準。有些人的「情商」高，其實也是抑壓的結果。

　　這裡，我將感受與情緒的名詞混用，因為情緒是感受整體呈現的狀態。感受可以是單一的，也可以是混合在一起而成為情緒。

▌表達感受的限制

　　這個世界有很多的限制，對某些感受的表達就是其中之一。哪些感受不可表達呢？憤怒、怨恨、生氣、哀傷、難過……等等，因為別人不喜歡，會討厭。為了得到別人的贊許與接納，人們就要表達出別人喜歡的情緒，譬如快樂、愉快、喜悅、輕鬆、平安、平靜等。那麼，那些不被接受的感受到哪裡去了呢？它們被放到了所謂的「地窖銀行」，在那不見天日的地方存了起來。在累積到一定程度後，它們就會在我們的生活中以不同的狀態或現象表現出來，如工作、食物、毒品、酒精成癮；對性行為、關愛、關心的過度要求；身體出問題，如心臟病、癌症、關節炎等；精神心理生病，如精神崩潰、抑鬱、自殺等等。

▌感受的眞相

這個世界對感受的眞相並不了解，人們要求自己成爲理性、冷靜、堅強，以爲這樣才能被世界所接納。因此，在教育、在社會化的過程中發展了以此態度爲中心的處世原則，讓感受的眞相成爲永不見天日的眞理。這，正是人們受苦的眞正推手。爲此，了解感受的眞相，在心理諮商中極爲重要。

一、感受是能量，具有滲透性、傳播性與感染性

大家可以先做個兩個小實驗：

1.放鬆的靠在椅背上或躺下，閉上眼睛，深深地吸幾口氣，然後在心中回想起過去或現在所發生一件讓你難過的事情。不著急，給自己一點時間，去體會那難過的感覺。體會幾分鐘，然後慢慢地睜開眼睛。伸出你的手，讓別人壓一壓，看看它是不是很快的就被壓了下來。

2.做1的前半部動作，然後，在心中回想起一件讓你愉快的事情。不著急，給你自己時間，然後體會那種快樂的感受。體會幾分鐘後慢慢地睜開眼睛。伸出你的手，讓別人壓一壓，看看它是不是有力得多，比較難壓下來。

難過的感受是會讓人軟弱的、疲累的，而愉快的感受卻能讓人充滿精力與活力，因爲感受是一種能量。不僅對個人有衝擊，同時也會

形成一個能量場，使其中的任何生物都受到影響。任何生物？是的，不僅是人類，植物、動物、任何存在物都會受到感染。有許多的科學研究證實了這一點，如日本作家江本勝出版的《水知道答案》，用了122張的圖片來表述出水對人們不同態度所產生的反應：如果是開心愉悅的，水的形狀就特別美麗、晶瑩，反之，不舒服的情緒就會讓它形成尖銳的、雜亂的樣子。我的學生們也按照這種原理，對米做了一個研究。他們用三個大小一樣的碗將等量的米放在其中，而後每天對第一碗米投入關注；不理睬第二碗米；對第三碗米表達憤怒，實驗為期一個月。結果是，那碗沒有人理的米發臭了，這呈顯出冷漠的感受，殺傷力最大。

近年來利用這種原理養牛、釀酒、做麵包的大有人在。養牛的，就讓牛聽美好的音樂，牛肉特別嫩與細緻；釀酒的用安靜舒緩的音樂，酒就特別香甜（用重金屬音樂，酒就壞了），麵包在醒麵的時候聽的是古典音樂，麵包就特別好吃。

二、情緒是主觀的，沒有對錯與好壞

每個人的情緒是根據他所成長的環境、價值體系及其他因素，面對外界而產生的心理反應，例如，在美國長大的人看到老人自己拿東西，很自在，不會有不舒服的情緒，而生活在中國的人看到老人自己拿東西，就會搶著去幫他拿，否則會有不安的感受。當然，每人感受不同，程度不同。這些感受，沒有客觀的標準，是主觀的反應。

　　情緒怎麼沒有好壞的區別呢？生活中，人們形容情緒時，常常說，「我今天的感覺很好」、「我現在感覺很差」。其實，這些形容感受的表述是錯誤的，因為所有好壞的分別，一定是來自於客觀的標準。由於情緒是主觀的產物，所以它本就沒有好壞區分。那麼又為什麼大家會如此區分感受呢？前面說過，這個世界對某些情緒是不接受的，所以是不好的，例如，生氣、憤怒、哀傷、沮喪等；某些情緒是被鼓勵的，可以接納，所以是好的，例如，快樂、愉悅、輕鬆、平安等。我們在耳濡目染中，壓抑難受，偽裝自己假裝快樂。所以，情緒的好壞是我們的家庭、社會給予的評價，而非真有好壞。然而，這種評價卻影響了人們身心靈的健康。

　　儘管情緒本身無所謂好壞，但它所產生的結果卻是有好壞之分。如果我們不懂得如何去處理情緒，任由它發作或是壓抑，那麼它所產生的內分泌會影響我們的健康。如高血壓、心臟病，就是沒有處理好生氣的情緒而產生的；氣喘、關節炎就是沒有面對哀傷而造成的結果。另外，由於情緒是能量，能夠影響他人，所以也會對他人有不良的干擾

三、頭腦層面的思維會壓抑情緒，逃避痛苦

　　壓抑有兩種，有意識的壓抑與無意識的壓抑。有許多的情緒一方面不為他人所接受，另一方面也給人帶來痛苦，因此一旦它發生了，人們的第一反應就是「逃避」，自動地啟用防衛機制。有意識的壓抑

就是刻意用合理化、昇華、幽默、諷刺、自說自話等方式來解釋或化解不舒的情緒，以免受到干擾。

這種被壓抑的情緒，並不會因此而消失，反而會儲存在所謂的「地窖銀行」中，如此人們也不用去面對事實，久而久之，就活在虛幻世界中。現在高科技創造了虛擬世界，殊不知，我們其實就一直活在其中。

四、合理化的想法無法改變真相，情緒才是了解真相的根本

有一位諮商師，在第一次會談後案主就沒有回來，他內心很是挫折，但是他不想承認，也不去了解發生了什麼，就自我安慰說，「這個案主其實是很固執的，不再回來見我是他的問題，是他的損失。」當下，他立刻就覺得舒服很多。但他之後的諮商就一直沒有起色。在與我聊過之後，他發現了真相──其實，他特別自責與難過，覺得自己不是個好諮商師。但因不敢面對自己「很差勁」、「很挫敗」，就自我安慰。實際上他很清楚自己是不敢面對害怕：害怕自己不夠好。然而，事實的真相是什麼呢？案主真的是不滿意嗎？是諮商師很差勁嗎？都有可能，但是不了解時，真相永遠是個謎。那麼是什麼卡住了他不去搞清楚呢？就是那壓下去的「害怕、自責與難過」的情緒。我鼓勵他去了解。當他與案主通了電話後，才發現原來案主一直想來，但卻生病了很長的一段時間。時間久了，也就算了。

五、情緒是連結人與人關係的橋梁

在理性的、冷靜的互動中，人與人之間往往停留在表面的你好我好的客氣關係上。世界人口這麼多，然而，孤獨的人也同樣的多。由於要冷靜、要理性，所以大家也不敢、也不能將自己的情緒向他人表達，因此，人也就是孤獨的。其實，當我們回想生活，與我們有真正關係的，難道不是那些和我們一起難過、一起快樂、一起分享哀傷及其他感受經驗的人嗎？只有在感受的分享中，人們內心的親密感才會增加，安全感才有可能建立。所以有一句老話說：「不打不相識」指的就是這個。理性冷靜，是一道關係防線，情緒的分享，則是此防線的最佳溶劑。

六、情緒的能量是檢測生命力的根據

情緒有情緒度，如此即可幫助人們了解活力和精力的程度。否則，我們就會成為情緒的奴隸而求生不能，求死不得。情緒可以用生命力來表述，高情緒度的人，生命力高，動力強，關愛的能力也大，反之亦然。情緒的分界，可用「生氣」來劃分。當我們的生氣情緒被釋放了，生命的活力就會開始增加而轉為開心、愉悅等；當生氣被壓抑了，生命的活力就會往下降而成為害怕、難過、焦慮，最終將自己隔離起來，成為冷漠、無助者。活死人，指的就是這種人。

七、人們的想法、行為、經驗不同，但所產生的情緒基本上是一樣的

人們可以對事情有不同的看法，但感受卻是一樣的：難過、快樂、沮喪、嫉妒、生氣、不安、沮喪、愉悅、平安、祥和……等等，沒有人不同。我們可以說，人們共同的語言就是情緒。

八、情緒的壓抑，讓人用扭曲的眼光來看世界

人們的「認知」沒有所謂的「純粹」與「客觀」，因為五官的接收、想法的判斷，它都帶著「感受」，而感受會注入對事件的主觀意識。所謂的「客觀」，還真不客觀，除非我們能夠了解感受，將此「主觀」因素排除，否則，扭曲的眼光必定帶來扭曲的視野，扭曲的視野必定帶來偏差錯亂的結果。

(一)感受的原則

1.感受是無法被隱藏的。

2.感受是沒有對錯的。

3.感受與理性是並存的，沒有誰比較高或低。

4.要立刻解決問題，恰恰是不想面對感受的表示。

5.在處理別人的問題前，要先了解自己的感受，如此才能有效地幫助他人。

6.表達消極的感受與表達積極的感受，是同等的重要。

7.消極感受若不表達，就無法了解事實的眞相。如此，積極的感受就無法達到其正面的效果。

8.了解感受是解決問題的關鍵要素。

9.憤怒、生氣，是因爲需求沒有被滿足的表示。

10.所有負向情緒的根源，是生氣。

(二)不面對感受的方式

1.對抗：想要成爲自己，但又無法表達感受而出現的態度。

2.攻擊：對抗不了，或者主動攻擊，或者用妥協的態度來做被動攻擊。

3.憤怒：不去了解事情的原委，很快的就憤怒並爆發。

4.合理化：用自以爲合理的理由來沖淡或解釋掉內在不舒服的感受，然後就不用面對。

5.逃避不理：立馬壓抑，顧左右而言他，冷漠，不去處理，甚至用幽默的方式來化解掉。

6.遷怒：將不舒服的情緒發洩在他人身上。

7.發洩：不去面對當事人事物，而僅僅就情緒找個出口釋放。

8.靈修：用靜坐、內觀、祈禱、持咒等靈修操練，而不去面對。

9.隔離：當痛苦出現時，就進入抽離沒有反應的狀態，如此就形成了冷漠。其實內在是無奈、無助的。

10.尋找替罪羊：將責任推給他人，如此就不用承擔。

11. 所有其他自我防衛機制的運用：自我安慰，找借口，視而不見，說笑話，過度照顧他人等等。

不面對不處理感受時，感受會消失嗎？不會的，不面對的原因是因為「害怕」，不處理則是因為擔心。害怕與擔心面對處理感受時所產生痛苦，所以它們會被送進「地窖銀行」儲存起來。不假時日，這些情緒會形成一種高反動的能量，這就是心理學家馬丁納所謂的自由激進能量（free radical energy），是一種因缺少維生素C之類的抗氧化物而導致的新陳代謝的毒素，會不受控制的到處流竄或堵塞在身體的任何一處，且會成為「毒氣」滲透出來，影響他人及環境。

▌地窖銀行是什麼？它的作用如何？

地窖與銀行，都是儲存東西或貴重物品的地方。只是地窖銀行所累積的是會產生負向能量的情緒，這種情緒會產生毒素。積累多了，它會以不同形式呈現出來而影響我們的生活，這也是尋求幫助的案主所產生的現象：

1. 過度焦慮、擔心、緊張。

2. 憂鬱、沮喪。

3. 過度內疚。

4. 失眠或過度睡眠。

5. 過度的思考、猜測、幻想。

6.強迫行爲、無法控制的想法、恐懼、占有。

7.被迫害的幻想。

8.隔離、否認。

9.不斷地抱怨。

10. 暴力的產生：冷暴力、熱暴力。

11. 過度的溫柔、甜美、虛僞、不眞實。

12. 生病、得癌症。

13. 成癮：性、愛、毒品、工作、事物。

14. 過度助人的渴望。

　　爲了不讓情緒成爲存進地窖銀行的籌碼，我們必須了解什麼是感受，然後去了解產生的原因－了解事實的眞相，這樣才有可能不壓抑，不積存。如此，才能擁有健康的心理。現在很流行「曝曬」，個人隱私，所積存的私房物，都願意拿出來與他人分享。從心理精神的健康而言，我不主張什麼都不經篩選就曝曬，但感受拿出來曬一曬倒是很健康的，只是不要糾纏不放即可。

情緒度參考表（赫伯特（Ron Hubbard）博士）
第三區：
4.0熱忱　3.5愉悅　3.0保守、謙虛
第二區：尚可忍受的存在等級
2.9輕微興趣　2.6沒興趣　2.5無聊　2.0敵對

第一區：憤怒區

1.9愛吵架傾向　1.5憤怒　1.4憎恨　1.3厭惡

1.02焦慮　1.0害怕

第零區：冷漠無助區

0.98絕望　0.96恐懼　0.94麻木　0.9同情

0.8奉承討好　0.5悲傷　0.375做補償　0.2自我貶抑

0.1受害者　0.07沒希望　0.05冷漠（無助）　0.03沒有用

0.0肉體死亡（行屍走肉）

借用這個情緒度的簡易表，諮商師可用來評估諮商是否有效。有效的話，案主的情緒度會提高。

▌結語

人們常常說，要改變觀念才能進步。從小我就思考，如果改變觀念就能夠使我們成長發展，為什麼改變卻那麼不容易呢？聖經教導愛，全世界讀聖經的人有好幾個億，為什麼這世界還有戰爭？父母師長教育我們要溫良恭儉讓，為什麼家庭卻依然吵架不斷？「心靈雞湯」的文章影片滿天飛，為什麼我們仍然憤怒仇恨？為什麼？這個不解終於在30年的心理工作上，與案主的交流中明白了。那是因為我們的感受一直被積壓著，像火山的熔漿影響著我們。「道理」、「說教」

只會讓我們自責內疚，繼而更多的委屈憤怒會產生。最根本的解決之道就是了解這些感受，懂得它們，它們自會化解並得到療癒。諮商師們一定要對感受有深刻的認識，並能善待它們，如此，改變是會水到渠成的。

練習：了解感受

示範例題：

一、感覺的表達：生活中我們常常將感覺與感受混淆。清楚的分辨很是重要。感覺包括了生理上的知覺（sensation）及感受（feeling）。

1. 當我去一個陌生的地方，我覺得身上的毛髮都豎起來了（感覺），我在發抖。

2. 當我口渴的時候，我覺得很想喝水（感覺）。

3. 當我要考試的時候，我覺得我很不想考，覺得考試一點也沒有意義（感覺）。

4. 你說我很帥的時候，我覺得你很客氣（感覺），我沒有那麼帥。

5. 你一直瞪著眼看我的時候，我覺得你很奇怪（感覺），我不知道你為什麼一直看著我。

6. 當你說我不是個好人的時候，我覺得你才不是個好人（感覺）。

7. 當有人喜歡我的時候，我覺得他一定是有什麼企圖（感覺）。

8. 當我看到窮人的時候，我的內心就很痛，覺得老天怎麼這麼不公平（感覺）。

9. 當你用不禮貌的態度對別人說話的時候，我覺得你怎麼是這樣的一個人（感覺）。

10. 當世界的溫度在增加而人們還沒有重視環保的時候，我真的<u>覺得人怎麼這麼自私（感覺）</u>。

這些表述，用理性的、思維的語言來表示出想法、行為、狀態經驗等，而感覺是這些結集起來的一種反應。

二、感受的表達：感受是感覺下面所包含的心理反應的一種體驗。以下畫線的地方，就是感受的表達。

1. 當我去一個陌生的地方，我會覺得<u>很害怕</u>。

2. 當我口渴的時候，我覺得<u>不舒服</u>。

3. 當我要考試的時候，我覺得<u>很緊張</u>。

4. 你說我很帥的時候，我覺得<u>很開心</u>。

5. 你一直瞪著眼看我的時候，我覺得<u>很困惑</u>。

6. 當你說我不是個好人的時候，我覺得<u>很難受</u>。

7. 當有人喜歡我的時候，我覺得<u>有些懷疑</u>。

8. 當我看到窮人的時候，我的內心就<u>很哀傷</u>。

9. 當你用不禮貌的態度對別人說話的時候，我覺得<u>很生氣</u>。

10. 當世界的溫度在增加而人們還沒有重視環保的時候，我真的覺得<u>很憤怒</u>。

三、了解感受的練習

1. 當你自己到了一個陌生的地方，你不認識任何一個人。

有人看到你，但是卻是冷漠的表情，你的感受是＿＿＿＿＿＿＿＿＿

2. 當我被責備的時候，我的感受是＿＿＿＿＿＿＿＿＿＿＿＿＿＿＿

3. 當我考試考得好，我覺得＿＿＿＿＿＿＿＿＿＿＿＿＿＿＿＿＿＿

4. 當我碰到衝突的時候，我覺得＿＿＿＿＿＿＿＿＿＿＿＿＿＿＿＿

5. 當你消失不見的時候，我覺得＿＿＿＿＿＿＿＿＿＿＿＿

6. 當你們哭泣的時候，我覺得＿＿＿＿＿＿＿＿＿＿＿＿＿

7. 當我摔倒的時候，我的感受是＿＿＿＿＿＿＿＿＿＿＿＿

8. 我想要一件東西卻沒有得到的時候，我覺得＿＿＿＿＿＿

9. 當我需要某人的時候，他卻不需要我，我覺得＿＿＿＿＿

10. 當我面對死亡的時候，我覺得＿＿＿＿＿＿＿＿＿＿＿

四、區別感覺與感受練習

請在下面句子中分辨是感覺還是感受。在正確的（　）打勾。

1. 我覺得你是個好人，想要與你做朋友。感覺（　）感受（　）

2. 我看到書本就想睡覺，覺得頭暈。感覺（　）感受（　）

3. 這是個冷漠的世界，我覺得很焦慮。感覺（　）感受（　）

4. 天氣太冷，我想睡覺，但睡不著，內心很煩躁。感覺（　）感受（　）

5. 老闆不加薪，我覺得他很不夠義氣，不想為他工作了。

　　感覺（　）感受（　）

6. 大人很難相處，動不動就發脾氣。我與他們在一起，覺得很不爽。

　　感覺（　）感受（　）

7. 小孩子好厲害呀，能夠做很多大人無法想像的事情。我覺得很欣慰。

　　感覺（　）感受（　）

8. 心理諮商工作是個專業，要能夠有效的幫助案主，我覺得很不簡單。

　　感覺（　）感受（　）

9. 快要過年了，沒有結婚的人都很焦慮，因為家人都要問此問題，我為他們

　　擔心。感覺（　）感受（　）

10. 今天我感覺很差，心情不好，特別難受。感覺（　）感受（　）

第八章

同理心／共情

你的世界我是不懂的，

但是我可以走到你身邊，

共同品嚐你的行住坐臥，

仍不失去我的行雲流水。

甲：「今天天氣真好！」

乙：「有什麼好的，你沒有看到連太陽都還沒出來。」

甲：「我今天心情好，所以太陽沒出來沒關係，我就是認為天氣
　　好！」

乙：「那，我覺得你太主觀了。」

　　生活中，我喜歡觀察別人如何交談，這可以幫助我了解人的關
係。上述的對話，是非常常見的一種互動。

諮商師：「你今天來找我，我能夠幫你什麼嗎？」

案　主：「你一定能夠幫助我的，我真的很需要你的幫助。」

諮商師：「你一定要明白，心理諮商師幫助案主自己解決問題，我是
　　　　　不能夠幫你解決的。」

案　主：「我就是解決不了才來找你的呀！」

他很生氣，然後離開了諮商室。

這是我在一所高中見到的一個督導的案例。諮商師認為自己是很正確的，因為這是必要的設置，只是他不明白為何案主很生氣並且離開。

▍引言

為什麼要了解同理心？它對心理諮商有什麼作用？由於人的複雜，造成了溝通的複雜性。又因為每個人都是個獨立的個體，出生後就有一個與他人「不同」的傾向，為的是顯示出自己的獨特性。就是這種分別心，造成了人與人之間的不理解，因為大家都要說出自己的道理，卻忽略了別人的；大家都要說出自己的感受，卻聽不到別人的。也就是這樣，心理諮商的第一功能，就是要聽懂案主所說的，讓他覺得被了解、被接納。當他覺得被了解被接納了，才有可能真正的了解與接納他人，問題才能被根本解決。案主來到諮商室，表象所呈現的，往往是有要解決的「問題」。事實上，每個人都有解決問題的能力，只因沒有人了解與不被懂的孤獨、害怕、焦慮、緊張、擔

心……等情緒的堵塞，讓他暫時失去解決問題的能力罷了。一旦情緒被疏通了，能力就自然會恢復，解決問題就不是問題了。

Raskin（1974）曾經過一個研究，結果顯示，無論是什麼流派的諮商師，若在諮商上有成效，首要的條件就是有「同理心」。透過同理心的表達，諮商師創造了空間，與案主建立起信任的關係，如此，案主緊張、焦慮的情緒才能釋放出來，這樣才會有機會弄明白問題的核心。當案主的心聲被聽懂了、理解了，那麼他的內心空間才有可能展開，此時，他即可進入到內心深處，去反思、去了解事實的真相，對自己的想法、經驗與行為做更進一步地探索。

同理心就如同潤滑劑，讓案主能在不知不覺中說出內在壓抑的、困惑的、掙扎的東西。同理心提供支持，使案主覺得有依靠，有力量來面對生活中的困境。同理心，容許案主積蓄積極的能量來承擔生活的責任，並激發在生活中面對問題及挑戰的勇氣。

▌同理心的定義

「同理心」一詞是由羅傑斯（Rogers, 1959）所提出。在初期時他賦予同理心的定義如下：

同理心的狀態，就是要在保持自己的立場的同時，能進入到他人的內在，就好像自己就是那個人一樣，去精準的理解他的感受與所

說的意思。也就是說，去體察到他人的快樂或受傷的感受，並且能理解到其所發生的原因，但同時要能意識到這只是一種「好像是」發生在我身上，但卻不是真正我的經驗。如果，這種「好像是」的品質失去了，那麼這個狀態是「認同」而不是同理心（Rogers, 1957, pp. 210-211）。

然而，在不斷地反省與體驗中，20年後的1980年，羅傑斯在出版的 *A Way Of Being* 中對同理心的看法有了新的詮釋：

我不再認為同理心是一個「狀態」，因為我覺得它是一個過程（process）……

對他人的同理心體現在幾方面。它指的是進到他人所覺知的世界中，覺得自在；它指的是敏銳地察覺到他人在每一時刻的變化所表述的知覺意義，及他每個當下所感受到的害怕或憤怒，溫和或困惑；它表達的是暫時的放下個人的判斷，去體驗他人的生活；去意識他所沒有覺察到的內在感受意義（felt meaning），而不立刻去挑破它，因為這會讓他覺得壓力；它包括如何用溫和而不強迫的方式，將你從客觀清新的視野中對他的世界所觀察到的，告訴他，以免引起他的害怕。並且，要經常求證他以便修正自己的看法，以確保自己的了解是正確的。對這個人而言，你是他內在世界的一個可以信賴的朋友。從他不斷經驗的事物中，指出那可能的意思和意義，你協助他注意到那

有用的資料，去更全面的經驗它，並對它有更多的了解。

這種「與他人一起」的意思指的是，暫時將自己的觀點與價值放下，用無偏見的態度進入到他的世界。也就是說，要將自己放下。只有那些對自己有足夠安全感，不會迷失在那奇怪而陌生的世界中，且在自己的意願下能隨時回到自己世界的人，才能做到。或許這個對同理心的解釋，清楚地表達它是複雜的、苛求的、強烈的──同時也是微妙的、溫和的一種存在方式。（Rogers, 1980, pp.142-143）

由上述羅傑斯對同理心的前後期解釋，可看出同理心的意義不再是一種「狀態」，因爲狀態可以是僵化的、停滯的。經過20年的反思與學習，受到Gendlin（1962）的「正在經驗」（experiencing）的影響，羅傑斯認識到人的思維、感受、經驗等都是不斷地在改變與修正，所以它必定是個過程，不斷發展的過程。這個過程最重要的是，一個人，在諮商情境下指的是諮商師，他所表達的與案主交往的方式，那是一種「存在的方式」。更深入的說，羅傑斯從來沒有說過它是一種技術（skill）。我是很贊成羅傑斯所說的，它不是技術，而是一種能力。但是這種能力如何培養？我認爲在初期，諮商師在學習的過程中，是可以將它視爲是一種技術來練習，但一定要記得，它不能僅止於此，它更是一種對人整體存在所表現的態度，那就是「與他人在一起」，也就是羅傑斯強調的「I am with you」。

在生活中我們經常「與他人在一起」，但是如何體現的呢？是人

在心不在呢？或是唱反調呢？或是真的「人在心在」呢？在諮商中，「與案主在一起」極為重要。如前述的案例：

諮商師：「你今天來找我，我能夠幫你什麼嗎？」

案　主：「你一定能夠幫助我的，我真的很需要你的幫助。」

諮商師：「你一定要明白，心理諮商師幫助案主自己解決問題，我是不能夠幫你解決的。」

案　主：「我就是解決不了才來找你的呀！」

　　諮商師遵守了諮商關係的設置原則，但卻沒有與案主「在一起」。一個沒有與案主同頻的諮商師，無論他如何地遵守諮商倫理的原則，但卻無法留住案主。這樣的諮商師是失敗的。

▍同理心的階段

　　人與人的關係，除了那些「一見鍾情」的有緣人外，多半是從陌生慢慢的發展到熟悉。諮商關係也是一種人際關係，所以它的發展，也一定是從諮商師與案主的準備階段開始。

一、準備階段

　　此階段是整個諮商過程的基礎，也是案主對諮商師的第一印象，

所以非常的重要。準備階段包括了見到案主前及第一次會談的期間。
它被稱之爲「調頻」階段（Shulman, 1992）。調什麼頻呢？

1. 將心比心

　　當諮商師的助手或是本人接到案主的預約時（通常是經由電話，
或本人到諮商室），都會有一個紀錄本，記下案主的性別、年齡、職
業及要諮商的問題。當一位諮商師，尤其是缺乏經驗的諮商師拿到了
這個資料之後，就要有一些心理準備。這個準備是非常重要的，因爲
我們不希望諮商會談成爲「雞同鴨講」的局面，所以，必須要將自己
轉到與案主相同的頻道，能夠敏感案主的情況，以幫助案主盡快地和
諮商師建立起信任的關係。此時，就需要練習「將心比心」的功夫
了。這種練習，是諮商師能夠透過「類比」的方式，來體驗、來感受
案主的「身心靈」狀態，以便案主在陳述時，能很快的能聽懂他所說
的，所表達的。

　　這個將心比心，最重要的是「暫時放下」自己的心思念慮，去全
人聆聽案主，而非用諮商師的經驗來比擬案主的體會。

模擬體驗：

案主是一位女性，大約20歲，想要談的是戀愛問題。

將心比心的體驗，目的是要將諮商師與案主聯繫起來：

(1)首先，諮商師要安排一個安靜的環境，在此環境中安放兩張面對

面的椅子。自己坐在一張椅子上，然後深呼吸幾下，靜下心來。

(2)用一個「觀照的我」（mindful self）來看自己，看到自己的過去及現在，就像看一幅畫一樣。

(3)看到自己由現在的尺寸漸漸地變小直到消失成為背景。確實的意識到自己已經放下了自己，放空了自己。

(4)現在換坐上另外一張椅子，去體會自己是一個大約20歲的年輕女性，正面臨著戀愛的問題。

(5)去聯想可能發生的情景，去體會案主的感受、經驗等，然後寫下來。

　　當然，要注意的是，這只是諮商師的「調頻」過程，而非案主就是這個樣子，所以，即便諮商師從此練習中很有收穫，但它仍是諮商師的東西，在聆聽案主的描述時，要保持覺察。

2. 聽到案主內在尋求「有能力者」、「權威者」支援的需要

　　案主之所以會來做心理諮商，往往是萬不得已，尤其是中國的文化向來是以家族為中心的。這個意思指的是，一個人有問題的時候，首先多半會去找親朋好友來解決，而不會找陌生人。當一個會找陌生諮商師的人，一定是沒辦法或是極其孤獨的了。可想而知，案主忐忑不安的心情。所以，在初次見面時，讓案主覺得放心尤其重要。

　　以下的例子講述的是一位50歲左右的男性，諮商師則為30歲的

女性。一進到諮商室，案主見到諮商師時，眉頭就皺了起來。但是礙於禮貌，他很客氣地掩飾了自己的懷疑，坐了下來。

案　主 1：「你好！你們這邊口碑很好噢！我問了很多人，他們都推薦你們」。

諮商師1：「是的，我們諮商室已經開了很多年了，幫助了許多的人。今天來到這裡是為了……？」

案　主 2：「你們的年紀好像都很輕喲！」（案主四處張望。）

諮商師2：「還好吧！我們的平均年齡是40多歲。」

案　主 3：「你們的男諮商師多，還是女諮商師多？」

諮商師3：「女的比較多！不知道你問這個是……」

案　主 4：「我覺得你們都太年輕了，而且，我是個男的，恐怕你不會了解我的心境與想法的。」

諮商師4：「這點你放心，我雖然年紀輕，但我已從事這個專業5、6年了，是比較有經驗的。至於性別的問題，這一點你也請信任我，因為我從小就與男孩子一起長大，對於男性的心理有很深的理解。」（諮商師很有自信的告訴案主，並且想要說服案主。）

案　主 5：「雖然你很有經驗，但是我想你還是很難了解我的背景。我們相差這麼多，你很難懂得的」（案主內心的想法是，你年紀輕，再怎麼有經驗，怎麼能了解我的複雜經歷

呢？）

諮商師5：「你沒有試過，怎麼會知道呢？給我一個機會吧！我一定
　　　　　盡力幫助你！」（不要懷疑我，你不試試看，怎麼知道我
　　　　　不行呢？）

　　談話至此，諮商師與案主已開始背道而馳了。

　　在這裡，諮商師所要注意的是，案主在客觀上沒有任何「道理」
來懷疑諮商師的能力，但就主觀上而言，他可以表達他的不安。來到
諮商室，案主需要也有權力得到**他認為**有能力的人的幫助。看到一個
年紀輕且不同性別的諮商師，他內心的擔心與懷疑是可以理解的。所
以此時，諮商師要覺察並調整自己的「覺得不被信任的心態」，放下
說服案主的想法，去與他「同頻」，聽到他內心的擔心與焦慮。

　　正確的表述：

案 主 1：「你們的年紀好像都很輕喲！」

諮商師1：「看起來我們似乎都很年輕，平均年齡有40多歲了呢！你
　　　　　好像對年齡有些想法？」

案 主 2：「也沒有啦！只是覺得我的年齡比較大，經驗比較多，所
　　　　　經歷的事情比較複雜，不知道你這麼年輕，是否能懂我說
　　　　　的嗎？」

諮商師2：「你看我年紀比你輕很多，經驗一定會少一些，好像有些
　　　　　擔心我是不是能夠了解你所說的東西，是嗎？」

案　主 3：「是的！不只是這樣，你還是個女性，女性與男性很不
　　　　　同，思維方式不同，考慮不同等等，我覺得你很難明白一
　　　　　個男性的心理。」

諮商師3：「不僅是年齡，我還是個女的，與你的想法看法會有很多
　　　　　不同。你在想如果我不明白你所說的，怎麼辦？」

案　主 4：「是的，你說的對，我就是有這些考慮。」（案主覺得被
　　　　　聽懂了，覺得被接納。）

諮商師4：「本來我沒有覺得我的年紀與性別有什麼關係，因為我從
　　　　　事這個專業已經有5、6年了，我也有很多年長及男性的案
　　　　　主。但是聽了你說的之後，我看到這是你的一個顧慮。你
　　　　　覺得怎麼辦好呢？」（諮商師用很真誠的態度，一方面說
　　　　　出了自己的經歷——如此可以給案主機會了解自己的能力
　　　　　所在，另一方面給案主空間來作決定。）

案　主 5：「既然這樣，那麼我們就先試一試看。」

　　當案主覺得被聽懂了，那麼他的不安與擔心就會減少很多，他對
諮商師的信任就已開始建立。

3. 理性與感性分享同等重要

　　每個人都有理性及感性的，有的人較偏用理性，有的人則比較偏用感受來表達，二者同等的重要。有人以為同理心就是應該表示出更多的「感受」，而非其他，其實不然。雖然，對感受的同理能夠快速地、很深入的進入問題的核心，但並非表示只有經由感受才能了解問題。當然，在諮商過程的發展與深入，感受是極為重要的，但它需要時間的發展及進程。在準備階段，尤其要尊重案主理性或感性的傾向。

案　主　1：「我今天想來談一談父親得癌症的事。」

諮商師1：「你父親得了癌症，那對你一定很困難。」

案　主　2：「還好啦！只是我的母親接受不了，我不知道該怎麼辦。」

諮商師2：「你擔心的是你的母親，我倒是關心你。你感覺如何？」

案　主　3：「我沒有什麼特殊的感覺，只是想要找你談一談我母親受不了，我該怎麼辦？」

諮商師3：「你必須先了解你面對父親的癌症的感受，然後才能處理你母親的情況。」

案　主　4：「你怎麼聽不懂我說的呢？我只是想知道面對母親我該怎麼辦？」

　　諮商師堅持了案主本人感受是最重要的，因此「強迫」案主說出他的感受。沒錯，案主的父親得到癌症，他一定是很痛苦的。但他用了理性─想要解決他母親痛苦的問題轉移了他的痛苦。在這個時候，諮商師一定要尊重案主的當前需要，不要操之過急，否則，會讓案主反感而拒絕諮商了。

　　正確的表述：

案　主1：「我今天想來談一談父親得癌症的事。」

諮商師1：「你父親得癌症，你想說一說這方面的事情。」

案　主2：「是的。我父親最近得了癌症，我的母親沒有辦法接受這件事。我不知道該怎麼辦。」

諮商師2：「你對母親接受不了父親的癌症的事，不知道該如何處理。」

案　主3：「是的，我看到母親天天哭泣，以淚洗面，我真的很想要她不要那麼痛苦，因為她痛苦了，父親就更難受，這樣對父親的身體會更不好。」

諮商師3：「母親的無法接受，反而更造成了父親的難過，這樣你擔心會對他的病情有影響。」

案　主4：「是的。我真的不知道如何才能幫助他們，使他們不要那麼痛苦。」

在此對話中，諮商師接受了案主的表述，不僅沒有批評他想要解決問題忽略感受，反而循著他的思路，容許他自己說出了內在的不知所措，與真正的問題與擔心。

4. 對諮商師自身的體驗與感受要有所覺察

所謂「工欲善其事，必先利其器」，諮商師顯然就是這個「利器」，所以，既然是個「利器」，首先就要將自己給調頻好。前述提及的自我放空活動，是很好的調頻方式，那是最初步的。在此談論的是諮商過程的「自我調頻」。這個「自我調頻」的步驟，非常重要，這就需要諮商師日常的生活修煉，它是自我覺察能力的累積。諮商師如果平日未能注意覺察力的培養，那麼他會很容易的受到過往那些「壓抑」或「尚未完全處理」的經驗所刺激，從而無意識的在案主身上投射出自己的需求，忽略案主的需要。這些投射的東西，就是所謂的「自我防衛」，或是「用自己的心比他人的心」的呈現（與上述的「以他人的心比他人的心」是恰恰相反）。這些會讓案主在諮商初期就與諮商師產生對抗或依賴。如此，就無法建立起信任與良好的互動關係，那麼未來的諮商就會很難進行下去。

自我調頻：

一個頭髮很亂的人，進到諮商室就大聲地說：「**我要找最好的諮商師**。」在場的一位諮商師看到了，覺得這個人很自大，感覺很不

舒服。他很不想與此人交談，但又不能不接待他。此時，**最需要做的
是**，諮商師要快速的自我調頻。什麼是自我調頻？指的是**當下的覺察
反思**：「我現在覺得不舒服，爲什麼不舒服？是因爲他要找最好的諮
商師？還是他的外表令我不舒服？他的嗓門很大，我的感受如何？我
的不舒服是討厭，還是生氣，還是……」自我調頻就是調到與案主同
一頻道的意思，也就是羅傑斯說的「暫時放下自己，就好像進入他人
的世界。」

　　自我調頻是一個很不容易的功夫，要諮商師在非常短的時間裡覺
察到自己對這個案主的**首要反應**，特別是感受，然後要「暫時放下」
它，先「同理」對方，了解對方的來意，如此諮商關係才有可能開
始，諮商過程也才有機會進行下去。所以，平時自我覺察的練習，尤
其重要。

　　覺察到當下的反應並且放下它，這在諮訪關係有關鍵性的作用。
但如何能做到這點，那就是諮商師平日自我成長的工作。沒有一個反
應是純粹來自於別人的，它一定與自己的過去經驗有關。只有花點時
間來了解其根源並轉化它們，諮商師的能力才會提升。這也是爲什麼
個案研討以及督導是如此的要緊了。

　　總之，要讓諮商過程發揮效用，同理心的運用非常的關鍵。諮商
能否有效地進行下去，同理心的準備階段是至關重要的。

二、初階段（層次）同理心

在初層次同理心的階段，體現在「用心」的聽到案主所表達的想法、經驗、感受及行爲，一方面要反映給案主自己所聽到及了解到的，同時還要聽到案主的回應並及時調整自己的認知，以確定所聽到的是正確的。在此層次的諮商師不需要去深入地挖掘及反映案主所不太清楚的訊息及深層的意思或感受，因爲這是屬於深層次的同理心，而深層次同理心可能具有潛在的壓力與威脅感，時間未到時不宜太快的進入。

例一：

案　主　1：「我昨天去市場，看到有個父親在買菜，手上還拉著一個小孩。我有些淒涼的感覺，他的妻子到哪裡去了？那個孩子這麼小，穿得很破舊。」

諮商師1：「當你看到父親帶著穿著破舊的孩子買菜，而沒有看到母親，你似乎很難過！」

案　主　2：「是的，我很難過，因爲當我看到一個小孩子身上穿得這麼破舊，又只有父親一個人，我就想怎麼會這樣呢？難道沒有媽媽嗎？沒有母親的孩子是最可憐的。」

諮商師2：「你覺得有母親的孩子就不會這麼可憐了，你很想知道媽媽在哪兒呢？是嗎？」

例二：

案　主 1：「我的老公常常加班，很少在家吃晚飯，也很少陪孩子。現在，我們都覺得他可有可無。那天，他回來吃晚飯，我們都覺得不可思議。但是，由於我們習慣沒有他了，所以他回來吃飯，就覺得很彆扭。」

諮商師1：「平常老公不在家吃飯，那天突然出現吃晚飯，你和孩子都覺得不自在，是嗎？」

案　主 2：「不是覺得不自在，而是覺得很奇怪。我們都不習慣了。不知道說什麼好。不說也不好，但是卻沒有話說。」

諮商師2：「這種不說也不好，要說又沒話的情形，是什麼樣的感受？」（立刻修正自己不正確的感受反映，並且進一步去了解案主的真正感受。」

案　主 3：「我也不知道，我只是覺得如果他不在家吃飯就好了，這樣，我們可以隨便交流，不用顧忌他會不會罵我們。對了，是一種擔心，擔心他會罵我們。他常常罵我們，說我們沒有水準。」

諮商師3：「你其實是擔心的，擔心他罵你們。因為他在，他就會罵你們。」

案　主 4：「是的，我們是很擔心。」

　　這兩個例子是很標準的初層次同理心的表達，諮商師將案主**主要**

訊息中的重點做及時的反映，如果在聽到案主的表述後，案主做了不正確的回應，要將修正的資訊反映出來，以求精確的明白案主所說的。所以，諮商師是要讓案主覺得自己是「一直陪伴在案主的身邊」。

人與人溝通時，其所傳遞的主要資訊中包括了經驗、行為、思想與感受等，且它們都是環環相扣，互有因果的。平時，當問題發生時，在沒有良好的支持與陪伴下，它們會糾纏起來，理不清楚。混亂，其實就是壓力、猜忌、妄想與痛苦的根本原因。但只要在一個溫暖支持的環境中，這些原本是糾結的東西，就會自動地放鬆、解開，並產生清晰的思想脈絡，發生洞見，此時人們就能自行找出解決問題的方法。

每一個經驗中，必定含有行為、想法與感受，每一個想法必定也有經驗與行為基礎且有感受產生。而每一個感受的存在，也必定是因為經驗、想法或行為而來的。當然，行為的發生也一定是與想法、經驗與感受有依存關係。

在這些內容中，經驗、想法與行為是外顯的，而感受對某些人而言，卻並不一定能被覺察出來，因為感受是可以壓抑下來不去面對的。面對感受實在是太痛苦了，所以用「合理化」就可以避免去觸碰它。但感受並沒有因此而消失，它只是沉在內心的最底層而已。

同理一個人的經驗、行為與想法，是為了要了解其所隱藏的感受。觸碰感受，為的是要了解它發生的「根源」，如此才能有效地真

正「解決問題」。

以下是經驗、行為、想法、感受的不同表達：

表述一：有一次，我去了那家餐廳吃飯，眞的很難吃，所以，我以後再也不會去了。

經驗：那家餐廳的飯不好吃。

行爲：去餐廳吃飯。

想法：以後我再也不要去那家餐廳。

感受：那麼難吃的飯，讓我覺得很不舒服。

表述二：你辭去了工作去幫助那些受災的人，無償的爲他們服務，眞的很偉大。很少人能夠像你這樣了不起。

經驗：這句話，沒有直接表述說話者當下的經驗，但卻可以了解說話者過去生活中，一定有對他人無償服務很佩服而且認爲是很偉大的經驗。

行爲：對辭去工作，無償爲他人服務的「你」表達欽佩的肯定。

想法：你的這種辭工、無償服務，眞的很了不起。

感受：我很佩服你，欣賞你。與你在一起，我覺得很安全。

初層次同理心是建立諮商關係的重中之重，所以將它學習好，對諮商的有效與否極爲關鍵。

三、高階段（層次）同理心

　　與人交往，必定有深淺之分。同理心既然是一個助人的方法及過程，也一定是從淺處進到深處。羅傑斯在他後期對同理心的解釋：「去意識他所沒有覺察到的內在感受意義（felt meaning），而不立刻去挑破它，因為這會讓他覺得有壓力；它包括如何用溫和而不強迫的方式，用客觀清晰的視野將你對他世界所觀察到的告訴他，以免引起他的害怕」（Rogers, 1980, p.143）。高層次同理心，就是將案主所沒有覺察到的，或是不太清楚的一些內在的東西，在諮商師的有效陪伴與及時的、沒有壓力的精確回應下，發展出新的視野與角度，看到以往所不清楚而困惑的，以幫助他進入到問題的更深層次。

　　能運用高層次同理心，一般而言是比較成熟、有經驗的與自信的諮商師，他們一方面能從案主的觀點與眼光來看、來體驗、來反映案主所說的、所感受的，另一方面卻保持著更客觀而冷靜的態度，來觀察、覺察與洞察案主所沒有看到與體驗的事物。在適當的時機，諮商師將自己所看到的而案主卻沒有意識到的事物，分享給案主，以「促動」案主的意識覺知，並進一步了解到問題的真相。

例一：

案　主　1：「我不知道為什麼我的主管就是不欣賞我，我工作如
　　　　　　　此的賣力，但是他還是不知道我的實力。看我那些同事

們，工作沒有我做得好，但是卻常常去跟他話家常，這樣，領導就知道他們做什麼，因此，常常就能得到他的肯定。我覺得那是拍馬屁，我是不願意去做的。但是，不去與他溝通，他就不知道我做得怎樣。」

諮商師甲1：「那些常去找主管聊天的同事，都能得到肯定，而你卻不願意去，因為你認為那是拍馬屁。但是你同時很困惑，因為如果不這樣做的話，主管就不知道你做得怎麼樣。你好像覺得挺衝突的，不知道該怎麼辦。」

案　主　2：「是的，我是覺得很衝突，我真的很想讓他知道我做的情況，這樣他就能了解我是有能力的，但是我又不想去找他談話，這樣好像是巴結他一樣。」

諮商師乙1：「你似乎很希望你的主管能夠看到你工作很努力，能夠肯定你，就像肯定你那些像拍馬屁的同事。是嗎？我看到的是，像你這樣的個性，不願意去主動交流，認為去交流就是拍馬屁。你要等到主管主動來注意你，來肯定你。如果是樣的話，我看是比較困難的。你覺得呢？」

案　主　2：「你說的是，我這樣不與主管主動交流，他就沒有辦法了解我的工作狀況，當然就沒有辦法肯定我了。嗯！我覺得是的，不僅是與主管，只要對有地位的人，或是有點權力的人，我都不會去和他們交流，因為我不想讓別人覺得我巴結他們。」

　　諮商師甲的回應只是初層次的同理心，所以，案主仍然是停留在表層的現象，而覺得不知所措。諮商師乙的回應，就進入到案主模糊不清楚的意識內，他幫助案主進入到深層去看到自己對權威的、有地位人士的情結，如此就能很快的了解到他的「問題核心」。

　　從這個例子可以看出，諮商師乙有比較強的觀察力與自信心，他沒有猶豫的就將自己的看法提供給案主，這樣，一方面將案主的盲點給指出來，二方面在無形中諮商師也建立起案主對他的信心與安全感。

例二：

案　　主　1：「我真的很愛我的女朋友，她真的是個好人，對我很好。我想我應該跟她結婚。」

諮商師甲1：「你的女朋友很好，你想你應該跟她結婚。

案　　主　2：「是的，我想我是應該跟她結婚的。」

諮商師乙1：「我聽到你說的是，你的女朋友很好，你想你『應該』跟她結婚，而不是『想要』跟她結婚，我聽不到你想要結婚的喜悅。」

案　　主　2：「不是的，我是想跟她結婚的。可是，又有些猶豫，因為她有些強勢。」

　　諮商師甲停留在表面，沒有注意到案主勉強的態度。諮商師乙很

清楚地聽到了案主字裡行間所表達的深層意思，那就是，案主對於是否要與女友結婚，有些勉強。而諮商師將這種勉強的訊息反映給了案主，這樣就幫助案主自我理清內在混亂的、不明確的體驗，也就是說案主深入明瞭了自己的問題。

　　高層次同理心的運用，需要諮商師的關懷與堅定的態度，它幫助案主從淺到深，從粗到細，從糾纏到理清，從迷糊到清晰，從掙扎到放鬆。在過程中，很多時候案主或許不想面對問題，也可能不想承擔責任，所以會逃避與閃躲，也有可能用生氣的情緒來規避。這些都要諮商師能夠懂得尊重案主在發展過程的時間性，以及他的承受能力。諮商師的豐富人生經驗是非常重要的。

▌對同理心的誤解

　　在上課或參加會議時，常聽到很多人用「同感」或「共情」來形容同理心。僅僅聽這些名詞，我們就會發現是很容易誤導的。

　　當我在督導實習諮商師及諮商師時，注意到有幾個現象：一是，他們很緊張，很焦慮，他們表示，如果**無法感受到案主的感受**，就是失敗的，因為要「同感」；第二是，他們認為若「不能正確地」反映案主的感受，那也是失敗的；第三，他們很強調反映案主的感受，因為要「共情」。但是他們卻忽略了對案主行為、經驗、想法的更多關心。另外，還有一個誤區，那就是，一定要談到感受才是真正的在運

用同理心。這些，都是對同理心的理解不甚清楚之處。

　　以下，將這幾個混淆之處一一作釐清，幫助大家更精確地了解同理心的意義，而後能有效地進行與案主的交流互動。

1. 同感

　　「同感」與「同理心」皆是Empathy的中文翻譯，但同感卻會被誤導爲與案主有同樣的感受。事實上有很多的諮商師也的確有這種理解。

　　在前述介紹同理心定義時即表明，同理心是羅傑斯的創意。雖然羅傑斯在前期與後期對同理心的闡釋有些許的變化，但其中一個最重要的元素指的是，「與對方在一起」（to be with）卻沒有改變。「與對方在一起」指的是「去**體察**到他人的快樂或受傷的感受，但同時要能意識到這只是一種『**好像是**』發生在我身上，但卻不是眞正我的經驗」（Rogers, 1957）。也就是說，眞正的意思是要諮商師能「體驗、觀察、覺察到對方的感受並**陪伴**他的感受，而不是諮商師可以感受到案主的感受。很多諮商師很努力地去感受案主的感受，但感受不到的時候就會產生挫敗感。果眞諮商師能感受案主的感受，也有可能發生兩種情況，一個是諮商師主觀的感受被誘發，但是理不清楚還以爲是案主的，如此「同情」就會發生；另一個則是客觀的「to be with」，指的就是「共情」，但是這需要諮商師很強的「清明」意識，能夠分清楚自己的還是案主的，如此才能眞正的對案主進行

「同理心」。

　　換言之，同感的發生很多時候會出現在諮商師自己的類似經驗被刺激而產生了共鳴，也就是「感受到對方的感受」，所以含有「自我」的成分。如果沒有自我的覺察將自己與案主分離開來，糾纏就會發生。如此，就很容易陷在彼此的感受中而進入混亂的局面。也就是說，「同感」是可以的，因為我們都有過類似痛苦的經驗，所以引起共鳴是非常重要的，但要能及時抽離，這樣客觀的「共情」才會發生。只要能意識到並做到這一點，那麼，同感要比沒有感受而純粹地反映感受要強多了。但無法感受到對方的感受，仍然可以「共情」。

　　人類有很多的經驗是相似的，但在相似中也有許多的獨特性，它來自於年齡、性格、性別、家庭環境、文化等等的差異，所以不可能人人都可以感受到對方的感受。如果「不同感」怎麼辦？是否就不能做到同理心？當然不是。同感，只是一種「與對方在一起」的表現，沒有同樣的感受，我們仍然可以表達出「與對方在一起」的關愛態度。諮商師透過「用心」的聽，真誠地反映對方所表述的，且在不斷地求證與了解案主所說的，並修正自己的反映內容，都是一種「我與你在一起」的有效陪伴的表現。

　　所以，同理心不是一定要與對方同感，而是要讓案主感覺到真正的關心與了解。同理心最忌諱諮商師不能感受對方的感受而「假裝」感受到，不理解對方，而「自以為」理解對方；這種虛偽的表示，是最忌諱的。

2. 共情

共情指的是「共有這個感受或情緒」。這個「共有」是合乎「to be with」的意思，但前述論及 Empathy 定義時，已提及它不僅僅是對情緒反映，且還要對經驗、行為、想法做反映，所以只有「共」感受是不夠的，它太局限，因為所有的感受都與一個人的經驗、想法、行為有關。只有全面地反映給案主你所聽到的，所理解到的內容，才會更有效。相對而言，同理心此一翻譯名詞，就比較全面。

3. 不正確反映案主的感受，就是失敗的

其實，「不正確」往往是相對的，在這一刻看起來是不對的，但是下一刻或有很大的轉機呢！

沒有一個人能夠在一個「定時」、「定點」真正地鑽進對方的心、腦，來全然的看到、感受到和聽到對方，即便能夠，難道對方就不變化了嗎？所以羅傑斯認為，同理心是一個過程，而非一個固定的狀態。諮商師要不斷地將所聽到的、感受到和觀察到的反映給案主，且在聆聽他的回應後再修正，修正後再回應。所以在初層次就是個不斷調整的過程。

當過程進到了高層次的時候，不僅要反映，而且還要「反應」諮商師的觀察。當諮商師真實地表達他所看到的或體驗到的「事實」時，案主不見得看得到和體驗得到，所以有可能不接受。這從表面上

看起來是「錯誤」，但當諮商繼續發展下去，案主會明白諮商師是對的。所以，很多專家評論說，諮商師要能夠「堅定」、「自信」，有時還要有些勇氣呢！真正的失敗在於諮商師停止繼續聆聽與修正，而被失敗感所衝擊，掉在裡面而出不來。

4. 一定要碰到感受，才能叫做同理心的運用

其實這也是部分曲解同理心的意思。每一個人都有感受，這是人的常態，但對於一些偏理性的，或是談感受就覺得很敏感的人，就不一定要去碰觸感受。只要能讓案主覺得諮商師了解他，能夠深入問題，這就是同理心的一種表達了。諮商師若不堅持要碰觸感受，那麼時候到了，有效地陪伴成熟了，案主自然會碰觸自己的感受。另外，由於感受是很有威脅性的，它也代表著彼此的親近程度，所以，不要太快的碰觸到感受，尤其是在準備期，諮商師與案主的信任與安全的關係尚未建立的時候。「與對方在一起」時間的把握，是很關鍵的。

▌結語

同理心，是諮商師面對案主全人存在價值的體現。要能夠有效地同理案主的經驗、行為、感受與想法，就必須先要能經常地覺察自己，自我認識與了解，更重要的是要能夠同理自己。一個不懂得同理自己的人，又如何能同理他人呢？

參考資料

Gendlin, E. T. (1962), *Experiencing and the creation of meaning*. New York: The Free Press of Glencoe.

Egan, G. (1986), *The skill helper—A systematic approach to effective helping*(3rd, edition). CA.: Brooks/Cole Publishing Company.

Raskin, N. (1974), Studies on psychotherapeutic orientation: Ideology in practice. *AAP Psychotherapy Research Monographs*, Orlando, Florida: American Academy of Psychoherapists.

Rogers, C. R. (1957), The necessary and sufficient conditions of therapeutic personality change. *Journal of Counseling Psychology*, 21, p. 95-103.

Rogers, C. R. (1959), A theory of therapy, personality and interpersonal relationships as developed in the client-centered framework. In S. Koch (Ed.), *Psychology: A study of a science* (Vol. 3, *Formulations of the person and the social context*). New York: McGraw-Hill.

Rogers, C. R. (1980). A Way of being. New York, NY: Houghton Mifflin.

Shulman, L. (1992), *The skills of helping: Individuals, families, and Groups*. Ill: Peakcock Publishers.

練習

一、準備階段

　　自我覺察：

　　1. 我喜歡哪一類的人？

　　2. 我討厭哪一類的人？

　　3. 看到什麼東西我會有感受？是什麼想法？發生了什麼？

　　4. 我與父母的關係如何？為什麼會如此？

　　5. 你想要什麼？你需要什麼？這兩者有區別嗎？

二、初層次同理心

　　Egan（1986）在他出版的《助人技術》（第三版）一書中提出一個簡易的公式，提供初學者用來做練習的參考：

　　公式：覺得……，因為……

　　1. 你覺得難過（感受），因為你很希望別人不要老是將你與他人比較，而沒有看到真正的你（想法）。

　　2. 你覺得很高興（感受），因為你考上了高考（行為）。

　　　公式：因為……，覺得……

　　3. 因為你以前受過失敗的打擊（經驗），所以你很害怕（感受）再去與別人一起去比賽。

　　4. 因為你很喜歡花，所以當你一看到花的時候（行為），你就開心（感受）。

　　請在下面的表述中，將經驗、思想、行為、感受給標注出來

　　1. 早上起來，頭很暈，想要再回去睡覺，但是想到要去工作，心理覺得很煩。

2. 隔壁的人總是吵架，我真的很害怕，不知道該怎麼辦。

3. 馬上要考試了，我還沒有準備好。我真的很想從這個世界消失。

4. 討厭死了，為什麼人總是要活的這麼累。我真的覺得很辛苦。很辛苦。

5. 真開心，今天是爸爸媽媽的結婚50週年慶，我要好好的為他們慶祝慶祝。

6. 老闆總是說我不夠努力，不夠認真。其實是他沒有看到我的投入。我對他很不爽，真的想要辭職算了。

7. 今天去看多年不見的朋友，沒有想到她竟然如此的成功，我真的覺得很丟臉。

8. 雨下得這麼大，路上很堵。我真的覺得很無奈，因為還得上學去。

9. 這個東西好好吃呀！我真開心。真希望天天吃。

10. 我考上高中了，真的很不容易。覺得很開心，想要跟好朋友分享。

三、請在下面的題目中，用初層次同理心來回應：

1. 我真的不想去考高考，真的很累。高考對人生有什麼意義？但是不考，又不知道未來會怎麼樣？

___

2. 我真的希望我父母過得好一點，但是他們總是吃得這麼簡單，我真的好生氣。我賺這些錢又有什麼意思？

___

3. 我的男朋友對我很好，他跟我求婚了很多次，我覺得應該嫁給他，可是又有些猶豫。

___

4. 我不能離開家，因為我覺得大家都沒有能力照顧自己。但是我對他們好生氣呀！

5. 我真的活不下去了，沒有人喜歡我。我實在不是個好人。

6. 為什麼沒有人了解我？我已經如此的努力，可是卻仍然無法被老師肯定。真的不想活了。

7. 爸爸非常的辛苦，總是在外面出差。我希望快點長大，就可以幫助他分擔一點家庭責任了。

8. 考上研究所是一件讓我開心的事，但是不知道為什麼我卻開心不起來。不知道別人是不是也跟我一樣。

9. 人生苦短，本來是應該很努力的奮鬥。但是我卻是個老子思想的跟隨者。何必如此的執著？當我們得到了全世界，卻不開心，又如何呢？

10. 我總是用「加油」二字來鼓勵自己，因為老師總是用「加油」來鼓勵我們，但是沒有「加油」多久，我就覺得很洩氣。

第九章

具體、探索與澄清

痛苦！你正經驗著，

一臉茫然，不知所措。

深陷其中，何處是盡頭？

具體，深入，你終於知道為什麼

雲開了，霧也散了！

　　很多諮商師在會談的過程中，有被卡住的經驗，因為他們會將案主所帶來的問題當成真正的問題來處理，實際上這個問題是表面，往往不是主要問題。主要問題都要經過具體化、探索，進而釐清問題的層次，然後才能真正的解決。

▌案例說明

　　鳥太，到諮商室來告訴我他這幾年都在學心理學。在課堂上的確看到了他好幾回。困擾他的問題是與岳母的關係不好。他曾經告訴老婆，希望她能轉告媽媽，讓她改一改。但老婆的回應是：「既然你

學了心理學，那麼就要多擔待一點。我媽人老了，就是這樣，又沒有學心理學。」鳥太一方面覺得為什麼學了心理學就應該承擔改變的責任？但另一方面，也覺得很自責，因為他的確學了心理學，當然應該承擔多一點來改善與岳母的關係，但他卻改變不了自己，因為他覺得「問題不在自己」，因此非常的糾結與矛盾。同時還對老婆生氣，為什麼她不去協調這個關係？鳥太需要得到老婆的支援。他問諮商師：「為什麼老婆不支持我？我學了心理學為什麼不能改善生活中與他人的關係？我對自己很生氣，懷疑學心理學真的有用嗎？」

諮商師1：「嗯！你一方面覺得明明是岳母的錯，因為你學了心理學老婆就要你擔待她；另外一方面你自責，因為你學了心理學就應該要承擔改善關係的責任，但是你卻又做不到。」

鳥　太　1：「是的，就是這個。我岳母真的很不容易相處，人很自私，尤其是住在農村，很多的習慣真的很糟糕。但是，我學了心理學應該有能力改善關係，心理學不就是這個作用嗎？但是卻沒有辦法。」

諮商師2：「你覺得岳母自私難相處，而且來自農村的習慣很不好，你很不舒服。你想改善跟她的關係，但是做不到，很懊惱。」

鳥　太　2：「是的。我真的很討厭她。希望她不要來我們家。但是她又經常來我們家。我要忍耐，但是忍不住。我真的煩死了，快要發瘋了。」

諮商師3：「你很討厭她，不希望她來你們家，但是卻避免不了。要
　　　　　改善關係又做不到，你很煩。要瘋了。」

鳥　太 3：「是的，你說該怎麼辦？」

諮商師4：「你希望我告訴你如何避免她到你們家，同時想知道你如
　　　　　何調整跟她的關係。」

鳥　太 4：「快告訴我呀！怎麼做才能有效」。

諮商師5：「我覺得你跟她談談吧！直接交談了解問題所在，這樣是
　　　　　最好的辦法。否則過得了初一，躲不過十五。而且，心理
　　　　　學就是講究要溝通的呀！」諮商師聽了案主的要求，給了
　　　　　他建議。

鳥　太 5：「不行的，當然學了心理學的人可以直接談，但是她卻沒
　　　　　有學，是無法溝通的。」案主當下就拒絕了。

　　諮商師的專注與聆聽做得還不錯，也能夠做到初層次的同理心。
但在給了建議之後，案主竟然拒絕了。難道案主不是要得到諮商師
所提出的建議嗎？既然給了案主解決的建議，為什麼案主又一口回絕
呢？很多諮商師有這個困擾。

　　這就是為什麼心理諮商是幫助案主自己找到答案，而不是告訴他
答案的心理機制原理。每個人都有能力解決問題，只是當他在情緒
裡，或是在混亂的時候，能力暫時無法發揮作用。情緒的高低是會影
響一個人看待事情的角度，了解事情真相的能力。每個人的內心其實

是有答案的，只是在意識層次上並沒有那麼清楚。只有在問題被清晰地認識到，了解到，答案自然就會出現，這就是心靈的開啓及轉化作用。否則，做多少諮商，嘗試各種方法，可以暫時的解決淺層次問題，但卻沒有辦法「治本」。這就是爲什麼一開始即說，表面問題不是眞正的問題，就是這個道理。

與岳母到底發生了什麼？他如何運用所學的心理學？案主並沒有說清楚，且諮商師也沒有問。以至於形成無邊無際的漫談，毫無重點。情況不明朗下諮商師建議與岳母溝通，案主雖然著急，但是內心卻明白這種溝通是行不通的，所以拒絕了。雖然，他仍然不知道該怎麼做。

▍具體化

諮商師要做的事，就是「具體化」。只有具體化才能將問題「定」住，而不會渾渾噩噩，不知所云。什麼是具體化？我們從6個方面來闡述。仍然以鳥太的案子爲例：

1.What：岳母自私的行爲是什麼？什麼是從農村帶來的不良習慣？爲什麼他認爲岳母的行爲是她的錯，而鳥太卻沒有責任？他用何方式與岳母溝通但卻沒有效？

2.Where：這個事情在哪裡發生的？

3.Why：這個事情爲什麼會發生？

4.When：岳母的自私行為是在什麼時候發生的？不良習慣是什麼時候發生的？

5.Who：在事情發生的時候，有誰在場？這個事情發生的前後，有誰在場？他們說了什麼？

6.How：事情是如何發生的？怎麼發生的？

我喜歡用一個隱喻來形容這個具體化，那就像是要研究一個人的體魄如何成長與萎縮，就必須要搭好一個人的骨架，只有弄清楚了骨架的架勢、骨質、尺寸、重量、數量等，才有可能進一步探索這個人的肌肉脈絡、質地、脂肪等等，才能勾勒出一個人的全貌狀況，進而深入探索發展及萎縮的機理。

接續上述的個案，具體化的表述如下：

首先，此個案有幾個部分要釐清：(1)岳母的自私行為；(2)岳母的不良習慣；(3)案主用了什麼心理學的方式改善與岳母的關係，但卻行不通。由於有三個部分要具體化，但訊息量太多無法一次就弄清楚，所以可分成幾個部分來做。

第一部分，岳母的自私行為

諮商師1：「請你告訴我，到底你的岳母有什麼自私行為，讓你這麼不舒服？」

鳥 太 1：「她到我們家從來不幫忙做家務，總是要我媽媽來做。我覺得她很自私。我媽媽比她年紀大，她來本來就是要協

助照顧我們的孩子，他們是雙胞胎，她是外婆，應該分擔
工作，但都是我媽在做。我真的很不舒服，但是我媽自己
也不說什麼，因為她覺得自己多做點沒有關係。我就看不
慣。」

這樣就清楚鳥太所說的自私行為具體指的是，岳母與媽媽都來照
顧自己的孩子，但是媽媽年紀大卻做得比較多，所以他覺得很不舒
服。

第二部分，岳母的不良習慣

諮商師2：「好的，那麼談談她的不良習慣，怎麼又讓你看不順眼
　　　　　呢？」

鳥　太　2：「她吃飯不洗手，用那很髒的手摸孩子的臉，我覺得她
　　　　　怎麼這樣呢！農村來的人，就是這樣的不重衛生。讓我討
　　　　　厭。讓我瞧不起。」

這就具體的明白岳母不洗手吃飯，而且摸外孫的臉，讓鳥太覺得
不衛生，進而遷怒於農村人的習慣。他其實是很瞧不起農村人的。他
將岳母是農村人等同了她不好的習慣。

第三部分：心理學的運用

諮商師3：「你用了什麼心理學的方法與她相處，卻行不通呢？」

鳥 太 3：「我學過肌肉放鬆法，每次我對她生氣的時候，我就深呼吸放鬆肌肉，這樣就不會太難受，可以增加內心的容受力，同時告訴自己，忍一忍海闊天空，何必與她一般見識，但是都沒有效。」

　　他在有情緒的時候，一直告訴自己要沉住氣等，此時就可以清楚的知道鳥太用了肌肉放鬆法及自我提醒來壓抑內心的不滿，他期待有效，但是卻大失所望。

▌探索與澄清

　　具體化幫助我們了解案主問題的「架構」，之後，就可以深入問題的核心，以幫助諮商師了解問題的全面，這就是探索。探索，主要是針對案主的感受、經驗、思想、行為等等的方方面面來進行。這個步驟非常重要，在探索的過程中，問題會逐漸的細緻化，清楚明確化。但仍有某些地方是模糊不清的，或是混亂的，此時就需要弄明白，這就稱之為澄清。探索往往與澄清並用，當然，澄清也可以獨立使用。以下仍然接續鳥太的個案：

第一部分，岳母與母親的關係

諮商師1：「你認為媽媽和岳母都是來幫忙照顧雙胞胎孩子的，但是母親年紀大點，岳母應該多做點。然而岳母非但沒做多，反而比媽媽做的少。所以你很生氣。」

鳥 太 1：「是的，都是要來照顧我們的孩子，也是她的外孫呀，憑什麼我媽就要多做點？更何況我媽年紀還大一些。」

諮商師2：「請你講的更清楚些，她是怎麼樣比你媽媽做少了？」

鳥 太 2：「那天，我回到家，就只看到我媽一個人忙著做飯，忙著準備餐桌，很辛苦。但是她卻在那兒睡覺。想到這裡我就生氣。看我媽老實人就欺負她。」

諮商師3：「你到家時，看到媽媽又做飯又準備餐桌時，卻看到岳母在睡覺。所以很生氣。」

鳥 太 3：「是的。她就是欺負人。」（他的眼淚流了下來。）

諮商師4：「你覺得岳母欺負你媽，看到你流淚了。是不是很心疼媽媽？」。

鳥 太 4：「就是。看我媽沒有丈夫就這樣欺負人，太沒有道理了。」

諮商師5：「你沒有爸爸！媽媽什麼時候守寡的？」

這裡先探索鳥太對媽媽守寡及自己沒有爸爸的經驗及感受。

鳥　太 5：「我5歲時就沒有爸爸，看著媽媽這麼辛苦的將我養大，
　　　　　我覺得愧對她。現在還讓她來帶孩子，不能享清福，我真
　　　　　的覺得很對不起她。」（他開始嚎啕大哭。）

　　此時，情況顯示出鳥太之所以會認為岳母很自私，其實是與他對
母親的愧疚有關。主觀的感受及過往的經驗，往往會影響一個人對現
實的判斷。

　　鳥太哭泣了很長一段時間，諮商師很關心的陪伴在側。等他停止
了哭泣後，接著繼續探索：

諮商師6：「可以看出你對母親的關愛與自責。」

鳥　太 6：「是的。」（此時，他平靜了許多，生氣的感受減少了。
　　　　　諮商師繼續探討岳母的問題。）

諮商師7：「現在我想要了解一下，你知道岳母那天為何在母親這麼
　　　　　忙的時候，不聞不問的在睡覺呢？」

鳥　太 7：「我其實不知道。」他猶豫了一下，繼續說：「她就是自
　　　　　私。農村來的人，就是又髒又懶。」（從這個地方可以看
　　　　　出鳥太的偏見，對農村人的瞧不起。）

諮商師8：「你不知道為何岳母在這時睡覺，但是卻因為她是農村
　　　　　人，你就做了這個判斷。似乎你認為農村人就是髒、懶，
　　　　　而這個判斷也影響了你對岳母的看法。是這樣嗎？」

　　鳥太停頓了下來，想了好一會兒。

鳥　太 8：「是的，我這是猜測，現在想想是很不合理的。我的確沒
　　　　　有了解岳母為何睡覺，平常她還是很勤快的。她和我媽媽
　　　　　相處還是可以的。」

　　情況急轉，他意識到了自己的不合理想法，開始想到了平常母親
和岳母的互動。

諮商師9：「那麼你現在覺得對岳母的睡覺問題是不是要去澄清一
　　　　　下？」（這裡運用了提示鳥太去澄清岳母睡覺的真相。一
　　　　　個人在此時睡覺有很多因素，往往不是我們所了解的。）
鳥　太 9：「是的，我的確要去弄清楚，為什麼岳母在這個情況下會
　　　　　睡覺。」（他長舒了一口氣。）

　　只要第一部分的問題被釐清了，後面的一些問題就很容易被了解
並解決。

第二部分，岳母的不良習慣

　　接連上面的對話，我們可以了解到鳥太對農村人是有偏見的，因
為他認為農村人就是又髒又懶。所以，此處可從此偏見來進一步探索。

諮商師1：「前面你提到岳母是從農村來的，你認定了農村人就是又
　　　　　髒又懶，所以你覺得岳母的睡覺就是自私行為。後來我們
　　　　　澄清了，你對岳母的睡覺，其實是不清楚原因的。這點你
　　　　　同意吧！」

鳥　太　1：「是的。現在我想想也不是農村人都是這樣的，我之所以
　　　　　對農村人有這個看法，是因為我自己是從農村來的，我覺
　　　　　得農村人有部分人是比較髒，但是不見得懶。」

諮商師2：「你說說農村人髒的地方在那裡？」

鳥　太　2：「吃飯不洗手就是髒的體現。雖然我從小也是這樣，沒有
　　　　　洗手就吃飯。可是後來，我到城裡讀書，住在親戚家，他
　　　　　們都會說我『你不要把農村的髒習慣帶到城裡來』。其實
　　　　　我是生氣的，但是我不敢表示，我只有壓了下來。後來，
　　　　　我也養成了洗手的習慣，也慢慢覺得不洗手吃飯就是髒的
　　　　　表現。」

諮商師3：「哦！原來如此。那麼你在農村的時候不洗手吃飯，是不
　　　　　是就是很髒呢？有沒有不衛生或生病？」

鳥　太　3：「其實，沒有呀！的確是的。其實，有很多的人常常洗
　　　　　手，也沒有更健康！哎！我對岳母的這種厭煩，其實是因
　　　　　為前面媽媽做家事的這個事情，讓我生氣，又沒有弄清楚
　　　　　事實是什麼，所以……」

他有些不好意思。鳥太自己反省到是遷怒的問題，所以，也感覺到不好意思了。這就是探索的好處，案主自己能夠了解到什麼是真正的問題。

第三部分，處理人際關係的心理學運用

諮商師1：「看起來你是用肌肉放鬆法及自我提醒的方式來壓抑自己的情緒，其實你並沒有真正的去了解你為什麼如此生氣呀！」

鳥　太　1：「我這不是壓抑呀！我是增加內在的容受力，如此我就不會對岳母生氣了，也許就可以接納她的行為了。」

諮商師2：「哦！你希望透過肌肉放鬆及自我提醒的方式，讓自己的容受能力增加，這樣就不會生岳母氣了。所以你認為不是壓抑。」

鳥　太　2：「是呀！壓抑就是沒有容受力而活生生的將生氣壓下來，對彼此只有傷害。所以，我想肌肉放鬆法及自我提醒可以幫助我接受生氣，沒想到卻變成了壓抑的另一種方式。」

（有意思的是，他自己承認了是壓抑。）

原來鳥太問諮商師該怎麼辦的時候，諮商師順了他的意願給了建議，竟然被鳥太拒絕了。這是因為他帶來問題的時候，雖然表面上是想要「解決」這個問題，但是直覺的，他知道表面要解決的問題不是真正的問題，而是潛藏在內心深處的痛苦。只有與此痛苦感受連接的

事件經驗被了解了，內心才能夠有更大的空間，解決問題的能力才會出現。這就是體悟，也是所有諮商過程要達到的結果。

　　從鳥太的案例，我們可以很容易的了解到，只有能夠將案主帶來的問題落實，也就是具體化，這樣就可以順藤摸瓜的對感受、經驗、想法與行為做深入的探索與澄清，案主的真正問題才會浮出水面，進而找到核心所在。所以說，具體化、探索及澄清對個案的清楚、明確有著畫龍點睛的作用。

　　探索與澄清往往連用，但有些情況是可以單獨使用澄清，以更有效、更快速地幫助案主將不清楚的弄清楚，不明確的弄明確，對了解問題非常有幫助的澄清。

例一：小王在10分鐘前告訴諮商師說願意跟女朋友結婚，但在10分
　　　鐘之後又表達跟女朋友結婚的意願不是很高。這種前後不一的
　　　表述，可以用澄清的技術。

諮商師1：「小王，剛才你說想跟女朋友結婚，現在你又表示不太願
　　　　　意跟女朋友結婚，我覺得很困惑。到底你想不想要與她結
　　　　　婚呢？」

小　王1：「我其實也很猶豫，剛才講的時候，想到她對我的好，我
　　　　　就想跟她結婚。但是現在又談到她對我的控制，我又不想
　　　　　結婚了。的確，我是很搖擺不定的。」

　　這裡用了澄清，就能幫助案主弄清楚為何在與女朋友結婚事件上的猶豫。可更進一步地探索婚姻對他是什麼深層的問題。

例二：苗苗在諮商師面前告訴他說，自己很喜歡諮商師的風格，覺得諮商很有幫助。但後來諮商師聽到苗苗的朋友青青傳遞了很不一樣的表述，諮商師不知道那個才是真相。因此他向苗苗求證與澄清。

諮商師1：「苗苗，上次你親自告訴我，認為跟我做諮商很有效果。後來我又從你的朋友青青那裡聽到，其實你覺得我們的諮商沒有太大的幫助。我不太明白這是怎麼回事？」

苗　苗 1：「我其實對你有些假，我不好意思說真話。忍不住了在青青那裡抱怨了幾句，希望你不要介意。」

　　此時，用了澄清，案主就要面對不滿意諮商效果，但卻要討好諮商師不真實的這個問題。當然，虛假也是案主在生活中的常態問題。

▌結語

　　在進行諮商的面談，如果沒有具體化、探索與澄清，這種面談基本上是很難有突破的，更遑論對案主起到真正的幫助作用，因為這是諮商師一種主動思考的能力。沒有主動性思維，諮商師也就沒有了

主動能動性，而處在很被動的情況，當然諮商就不會有什麼實際效果了。只是如何運用具體化、探索與澄清，就要在生活中不斷地練習，持續地反思與改進，才能夠熟能生巧，運用自如了。

練習

狀況一

　　瑩子，一位案主跟我分享一個心像：只要有重要的人拒絕對她的要求，他就會覺得天崩地裂，她所存在的世界就會一塊一塊的坍塌。這個心像存在心中很多年，也的確發生過在夫妻關係中，因此二人決定分開。她不明白發生了什麼，但是那個夫妻離婚的事件卻影響了瑩子多年的人際關係。她的表象問題是：「這麼多年我想不通明明是前夫的錯，為什麼他會與我離婚？」

具體化：

What: _____

Why: _____

When: _____

Who: _____

Where: _____

How: _____

探索與澄清：

_____

_____

狀況二

　　安安，一個頭髮被拔了一片，身上被扎了很多小洞的花季少年。幻想著去燒別人的車。他拒絕上學，但是又不想做別的，就只想在家裡打遊戲。但是卻又覺得無聊。他開始拔頭髮，扎自己，甚至用小刀在手臂上刻字，因為他活得很麻木，只有在做這些「自殘」的行為，才可以感覺到自己還活著。他的表象問題是：「我真的不想活了，活了有何意義。」

具體化：

What: _____

Why: _____

When: _____

Who: _____

Where: _____

How: _____

探索與澄清：

_____

_____

_____

第十章　挑　戰

不平衡，不一致

內心混沌不清。

你

攪動這一池黑水，

逐漸的

它靜了下來，

靜了下來。

　　我在前面講了很多有關同理心的東西，例如，專注是建立同理心的一種重要態度，聆聽，更是一種讓案主覺得諮商師真的願意了解他，並進入其世界的一種表現。當諮商師對案主的想法、感受、經驗及行為用同理心反映給案主時，案主會很信任諮商師，從而將內在的一切都傾倒而出。在諮商的情境裡，這僅僅是諮商師所要達到的第一步。

　　探索、具體化，是諮商師接下來要用的技術，為的是更清楚的了解問題的所在，以便達到案主解決問題的目標。但這些都比較偏從

外在來幫助案主了解事件，仍然是被動的。能從內在自我「覺察」與「意識」的主動能力的促動，除了高層次同理心之外，挑戰，就是一個非常重要的工具。

同理心，是為案主創造一個放下自我防衛的機會，在溫暖的氛圍中，柔和他看事物的眼光，進入到自己以往所不願意或尚且沒有能力的角度來重新評估自己的問題。但是，同理心如果只停留在初層次時，一個人就容易自以為是，更遑論看到事情的真相了。由於，高層次同理心是需要較有能力的，有經驗的及較成熟的諮商師才做得到，所以，挑戰，就顯得異常的重要而關鍵。

沒有一個人是完美的，完全真實的，由於每個人的做事態度、處理事務的觀點、價值體系及倫理道德的標準不同，所以才會產生為人處事的問題與苦惱。挑戰，就是從人事物的問題或煩惱的多面中，將那些不一致的、矛盾的、扭曲的、自我防衛的、規避的、主觀的想法、經驗、感受及行為等等給彰現出來。它的目的不是要案主「俯首認罪」，也不是要完全卸下自我防衛（有些是良性的），而是要幫助案主能夠回歸內在，去直面那些為了逃避、害怕，以及所擔心的負面事件中，在諮商師的支持下，勇敢地面對自己，自我挑戰一把，並從中找尋解決的方案。這才能協助案主恢復主動能動性，並更自尊，自信，以及有力量面對生活。

下面是案主需要被挑戰的地方：

一、挑戰「自我欺騙」的地方

很多人爲了不想面對痛苦，就以自我防衛機制爲自己創造一些「自我欺騙」的地方。

案主1：「我眞的很用功的，每一天我天不亮的時候，就開始晨讀。在學校下課的時候，也從來不出去玩，總是將時間放在準備下一節課上。下午放了學，我立刻又開始學習。可是我眞的不懂爲什麼成績總是不好，老是不及格。」

諮商師1：「你說你早上5點就起來，晚上12點才睡。你又不出去玩，總是在讀書。我就在想，你又不玩耍，又沒有充分的時間睡覺，讀書的品質是怎麼樣呢？」

案主2：「其實，我知道我讀書的品質是很差的，每次我坐在書桌前，手上捧著書，實際上卻沒有讀進去。我內心是很焦慮的，但卻不能不坐在那兒，因爲如果我不這樣做，我內心更不安。你說，我該怎麼辦呢？」（案主的眼淚流了下來。）

案主知道自己的讀書品質很差，即便坐在書桌前也讀不進，他內心是很焦慮。問題是，如果不這樣做，他更是不安，所以選擇了一個令他比較心安的方法。這就是自我欺騙，就好像鴕鳥一樣，碰到問題不去解決，反而將頭埋在沙裡，假裝問題消失了。

二、挑戰「不一致」的地方

將案主前後所說的話，對照一下。對那些不一致的思想、行為、經驗與感受給提點出來：

1.案主在談話中一直表達自己是很愛女朋友的，想要跟他結婚。但當他在表述兩人的關係時，卻一直用很多消極的語言來攻擊女友，聲音不時的透出憤怒。

諮商師：「我聽到你說，你很愛女朋友，想要與她結婚。但我卻一直聽到你用憤怒的聲音說她很自私，很小氣，很不關心你；除此之外，你還說她不是個好女孩。我聽起來，有些前後不一致。」

2.案主談到母親的時候，說他真的很想念她，想要好好地照顧她。但同時，案主卻有10年沒有見到她。也不回家看她或給她打電話。

諮商師：「你說你想照顧母親，很想念她，但是你卻有10年沒有見過她，而且連電話都不打。這是怎麼回事呢？」

三、挑戰「扭曲」的地方

這個世界，很多時候是很難讓人直接面對的，尤其是痛苦或壓力很大而超出了一個人的承受力，因此，扭曲，就是會發生的一個現象：

1.案主很怕他的領導，覺得領導很嚴肅，對人很嚴厲，尤其是對他，那簡直就是個兇神惡煞。但實際上他又說看到領導對其他人很好，很熱情，也很關心同事。所以他批評領導很假，是一個虛假的人。

諮商師：「我覺得很奇怪，一方面聽到你說領導對他人很好，對你的同事也很關心。另一方面又聽你說他對人很嚴厲，尤其對你很嚴厲。你認為他是個虛假的人。我覺得很奇怪。前後有些矛盾。你注意到了嗎？」

2.案主覺得他的老師是個非常好的人，他從來沒有見過這麼好的人。所以，無論何時，在何地，發生任何事情，他的老師都應該來幫助他。所以，有一天他出了一點事，要求老師來幫他，老師卻沒有答應，他很生氣。

諮商師：「你覺得這麼好的老師，就應該隨時隨地——沒有時間和地

點的限制，都應該來幫助你。你會不會覺得自己的要求有些過分呢？」

四、挑戰「自我失敗感」的地方

很多人有所謂的「自我失敗感」，這種感覺可能來自於自卑，也可能來自於過去失敗的經驗，因此，他們不相信自己值得別人的重視，也不認為成功是有可能的。他們將自己關在失敗的黑屋子中，不願意看到世界可能是陽光明媚的。一般而言，他們充滿了自我失敗的想法、感受與行為。

1.案主失業很久，一直在找工作。好不容易有公司要他去面談，但他到諮商師這裡所表達的是，「算了，我不覺得這個工作適合我。距離這麼遠，薪水又不高，況且，我父母一定不會要我去的。」

諮商師：「我想不是你覺得這個工作不適合你吧，你的談話中，我有一個想法，那就是，你覺得你不夠好，萬一去面談，別人又沒有錄取你，那不是更難過與失望嗎？乾脆不去，這樣你就不用面對你的失敗了。是嗎？」

2.案主常常給別人很多意見──你應該怎麼做；你應該做什麼；你應該……，結果別人都受益很多。然而，他自己卻做得很少，因為，他認為自己是別人的專家，但自己卻是個失敗者。

諮商師：「你覺得自己是個失敗者，但是，很奇怪的是，你給別人的
　　　　指導，多半很成功，但是你卻不相信自己會成功，所以你對
　　　　自己沒有信心，也沒採取什麼行動。你不會覺得這種現象很
　　　　奇怪嗎？」

五、挑戰「玩把戲」的地方

　　在生活中，為了得到利益，或是贏得別人歡喜，或是在與他人的
競爭中取勝，人們常常玩把戲，玩那些挑撥的，自私的，不真實，不
真誠的詭計，然後漁翁得利。這種把戲，在短期間似乎讓人們有所收
穫，有些成就，但它們卻很傷人。另外，從長遠來講，對案主本身的
成長與發展是有百害而無一利的。所以，只有幫助案主看到這點，他
才能在未來的生活中有進一步的突破。

　　1.案主很肯定女朋友對他的關心，對他的愛，他也非常地愛她。
但他卻假裝對女朋友很冷漠的樣子，因為他以為，只有這樣，他的女
朋友才會珍惜他。

諮商師：「你非常愛女朋友，但你覺得只有跟女朋友裝『酷』，她
　　　　才會真正的愛你。但是，我很懷疑這樣的關係能夠持久，因
　　　　為她那一方很積極，而你這一方卻沒有相稱的回應。久而久
　　　　之，恐怕她會對你失望。你認為呢？」

2.案主覺得現在的諮商師不了解他，認為先前的諮商師比較懂他。但他卻仍然持續的來見現在的諮商師。只是一到要他面對自己的責任付諸行動的時候，他又開始抱怨不被了解。

諮商師：「你一直說前一位諮商師比我了解你，我覺得奇怪的是，為什麼你不繼續找他，而持續的來見我？而且，我注意到，每次你說不被了解，都是需要承擔責任的時候。我懷疑，你不想採取行動來面對生活的責任。」

六、挑戰「合理化」的地方

當一個人不想要面對外在的挑戰、要求或批評，或是內在的掙扎及不舒服的感受時，就會用「合理化」的方式來逃避。這個時候，挑戰就是一個非常重要的技術幫助此人去「面對」事實。

1.案主結婚十年，在這十年裡辛勤工作，常常想到要照顧家人及妻子的生活所需，但卻忽略老婆是個女人的「浪漫」需要，平常很少有浪漫的表現。所以，老婆常常抱怨案主不再愛她。這一天，老婆生日，案主覺得這是一次讓老婆開心的機會，就悄悄地買了一個小鑽戒給她當禮物。沒想到當他將禮物拿出來時，老婆一方面有些高興，但過一會兒就質問他錢是那兒來的，是不是藏私房錢？案主其實傻了，因為老婆不就是要這樣嗎？怎麼又翻臉了？想不明白，案主就安慰自己說：「女人就是這樣，脾氣就如天氣，說變就變。難怪孔老夫子

說，唯小人與女子難養也。所以，不需要與她多囉嗦！」

諮商師：「當你積攢了錢，為討妻子的高興，買了鑽戒做她的生日禮
　　　　物時，她卻問你是否藏私房錢，你似乎有些生氣與無奈。這
　　　　麼費心的準備，卻不見她領情。你好像在用孔子的話來安慰
　　　　自己，女人是不值得與她多囉嗦的。是嗎？」

　　2.案主剛剛才被上司罵了一頓，覺得很不舒服。但是他對自己
說：「人在屋簷下，不得不低頭。」來合理化他內在的憤怒。

諮商師：「聽你講起來這個事，內心還是不舒服呢！但我卻覺得你將
　　　　那不舒服的情緒壓了下來，用理性的語言表述－人在人在屋
　　　　簷下，不得不低頭來安慰自己。是嗎？」

注意事項

　　在我幾十年的工作經驗中，很多案主不是不願意面對生活的困
境，但欠缺的就是一點決心與勇氣。諮商師的挑戰，無疑是一個很大
的推動力，讓他們順勢進到那模糊而等待已久的內心深處去。能夠進
行挑戰的諮商師一定是與案主建立了較多信任關係的人，如此諮商師
的陪伴與堅定的態度，就是最有力的支持。同樣，也有案主來到諮商
室就是希望達到「逃避」現實，不承擔責任的目的。他們希望得到諮

商師初層次的同理與同情，就能夠活在自我安慰中。此時，諮商關係就會停留在表層而無法深入。這個時刻，挑戰無疑是非常重要的方式。當然要能夠有效而成功的做到，卻要很敏銳，因為比較容易碰到案主的對抗。此時，諮商師的成熟與經驗就尤其關鍵了。

「挑戰」不僅是技術，而且是能力；它是把雙刃劍，一旦挑戰成功，案主的突破是非常快速的，核心問題會很快顯現。但如果沒有拿捏好時機與分寸，或是案主尚未對諮商師有足夠的信任，或是諮商師沒有厚重的自信與定力，它可能會造成反效果。所以，諮商師在用這種方式時，需要注意一些事情：

1.諮商師要一直保持著真誠、真實與支持、關愛的態度，時時保持著同理心。

2.諮商師要能覺察自己當下狀態的變化：體察到自己面對案主受挑戰後的思想、情緒的變化，並能夠立刻發現問題所在而即使調整。

3.諮商師在生活中要不斷地自我挑戰，增加容受力及洞察力。

4.諮商師要能隨時覺察案主當下的反應，並相對的調整自己的力度與方式。

5.諮商師總是保持一顆開放的心。

做了這麼多年的諮商工作，我認為沒有挑戰，就沒有真正的效果。承受不了挑戰，案主也無法面對生活，承擔起責任。只是，如何挑戰案主，促動他的主動性，而不是讓他在挑戰下增添新的創傷，這就是諮商師的能力了。

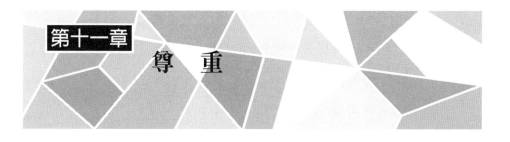

第十一章　尊重

你、我、他

各有位置與歸屬

高、中、低

虛幻罷了！

讓我們各歸其位。

　　有一次，我接待一位來自異國的朋友。他和女兒接受了我的邀請，到一家西餐廳用餐，它是自助式的。我喜歡自助餐，自由自在的，想吃多少拿多少。當我們取了食物回座的時候，朋友的女兒看到他爸爸拿的食物，當場就很不高興的數落他說他拿的東西不健康，並且將他的盤子取過來，將自己的給了他，而爸爸卻默不作聲。我很吃驚的看著這位女兒的行為，但我沒有說什麼，坐下來安靜吃我的飯。女兒關心爸爸，這是無庸置疑的，但是她的做法卻表現了她的「自以為是」。她不僅沒有信任她爸爸有照顧自己的能力，且還當著爸爸的朋友面前表現出來，這就是一個不尊重行為的表現。

　　在生活中，常觀察到人與人之間的相處，在尊重方面有些薄弱，

人們很容易用「我是爲你好」、「愛護」與「關心」的名義來「壓抑」對方的思想、行爲以及感受，尤其是在年齡、身分、權威、力量不相稱的時候。譬如說，成人與小孩之間、老師與學生之間、老闆與員工之間、領導與被領導的人之間，一方由於是處於弱勢的立場，強者會在不自覺中，表達不尊重的行爲舉止，弱方也會在覺察或不覺察中被動的接受。這種不平等的對待方式，經常會影響人際的關係。

諮商關係也是一樣，案主來到諮商室，往往抱著諮商師是專家，是權威的想法，無形中將自己放在了弱勢的位置上。此時，諮商師要注意的是，諮商的目的是提升案主的能力，恢復其自我價值。有一句話是這麼說的：「不要授之以魚，而要授之以漁」就是這個意思。

尊重，就是接受對方是他自己，無論他是多麼的年幼，多麼的魯鈍，多麼的見識狹小與淺薄，都要看到他的自我價值，看到他的獨特性。我們都明白，許多年長者，有愛心的，或是有專業背景的人，常常希望能**幫助**年幼者、魯鈍者，使他們成長，讓他們成熟。但在幫助的過程中往往忘記了一點，那就是，只有當一個人被尊重的時候，別人的「幫助及好心」才能被其了解與接受。這就是爲什麼在諮商中，傳遞「尊重」的訊息是非常重要的。

尊重，由不尊重到尊重的不同程度，基本上可分成六個層次。以下用幾個例子來說明在諮商中，如何表達對案主的尊重。

第一個例子：有位酗酒者，因酗酒問題忽略了家庭，傷了孩子及妻子。非常的痛苦，來到諮商室尋求幫助

案　　主：「我過去這些年不斷地喝酒，常常不知現實是什麼。我真的很對不起妻子及小孩。我真的很對不起他們，尤其是我老婆。她早該與我離婚，我實在不值得她對我這麼好。我覺得自己真是個不負責的人。」

第一層次：「你真的沒有好好的對待家人！尤其是你妻子，她能這樣的忍受你，你真的很幸運呀！」

這種回答是指責案主的表述，它非但忽略了案主內心的痛苦、懊悔與自責，且強化了案主的內疚感。諮商師內心可能產生了對案主家人及妻子的同情，並對案主有生氣的情緒，因此才會做這種反應。

第二層次：「唉呀！沒有關係！你們好歹也是夫妻一場。一日夫妻百日恩嘛！她今天一定會原諒你，你回去好好的做人，不要再喝酒了，聽到了嗎？」

這第二層次是一種安慰式的回答，想要用鼓勵的方式來幫助案主，要他回去戒酒並好好過日子。此回應只是在案主負面的情緒上裹一層糖衣，將其內在的懊悔與自責抑壓下去，而未獲處理。諮商師此時可能在生活中也碰到了一些事情無法解決而產生無奈，因此給予案主同情的安慰。

第三層次：「你有喝酒的問題，你最好先去戒酒，然後再去處理與太太的問題，這才明智。你知不知道有一些地方可以幫助你

戒酒？」。

此層次的回應，與前述的答話有類似的地方，並非眞正的尊重說話的人，也未能了解他，只是企圖幫案主「解決」問題。其實案主不見得沒有「能力」解決問題，只是他現在內心感受到痛苦，希望被了解與被接納。這個狀態諮商師的表現似乎是位老師，是個教導員，不去碰情緒直接跳至問題的處理。這也是一般人的做法，只是「治標不治本」的指導方法，不會有什麼效果的。

第四層次：「你眞的覺得對不起你的妻子及孩子，特別是妻子，對吧！你也很看不起自己，是吧！但是我感覺到你眞正想表達的是你願意重新調整，願重新做人，讓別人能瞧得起你，你說是不是這樣？」

諮商師的這個回應，聽到了案主的情緒，也指出了他話中所表達重新站起來的意願。這是一種成功同理心的運用，自然的就呈現出諮商師對案主的尊重。案主會覺得被理解，被接納，只是它仍是停在表層。

第五層次：「你似乎覺得自己很沒有價值，因爲你常年酗酒，忽略了做老公及父親的責任，但是你的妻子卻沒有放棄你。是不是你覺得因爲這些年來她未放棄你，縱然你覺得不配，但仍然同時覺得有希望，想要重新將這個家建立起來？」

這個回答，諮商師不僅說出了案主內心深處的自責感，同時也說出了他願意回頭重建家園的意願。諮商師不僅傳遞了對案主更深程度

的尊重與了解,更重要的是,他能反映出案主潛意識的希望。

第六層次:「你覺得很對不起妻子及孩子,感覺到內疚與自責!但是在你的內心深處,我似乎也看到了一些希望,你想要戒掉酗酒的習慣,想要回到家庭,重新出發。是嗎?但你是不是有些擔心?擔心他們不接受你?尤其是你的妻子。如果是的話,從你的表述中可以看出來,你的妻子並沒有放棄你,因為她沒有與你離婚呢!」

這個回答指出了案主的妻子依然對他好,這不僅肯定了說話者的自尊,也指出了希望,更重要的是,它點出了整個狀況的「力量」所在,這就是最尊重高層次的表現。

這幾個層次反應了諮商師對案主的「尊重」程度,也影響了諮商關係的建立。第一層次到第三層,回應者基本上忽略了說話人的內在痛苦,更談不上重視說話人的「能力」,因為它只強調了案主的負面情緒或是弱點。第四層次與第五層次說出了案主隱藏的「自我價值」的地方——「她早該與我離婚,我實在不值得她對我這麼好」這話的潛意識中帶著一種希望——自己仍有些價值的希望。第六層次的回應是,不僅說出了希望,也指出了案主可以著手改變自己的一個積極起點。

當然,要做到第五、第六層次的尊重,是一個極為不易的目標。對諮商師而言,如果我們能先做到第四層次,就已經很棒了。

第二個例子，案主對諮商師的關心有所懷疑

案　　主：「你知道嗎？今天我遲到了……其實，我本來不想來了。以前我跟你說過，我沒有把握男朋友大華是否真的愛我，還是只因為我長得漂亮。對你，我也有一樣的不確定感，我覺得你之所以關心我，是因為你的職業，我只不過是你另外一個案主而已。」

第一層次回答：「你真的是隨著你的感受而行事呀！我這麼用心與費心的和你交談了這麼多次，你卻仍不能肯定我對你是真的關心，尤其是有好幾次我都非常忙碌，卻仍為見你而擠出時間來。」

　　案主很真心的說出自己懷疑諮商師的關心是否真實，但諮商師卻沒有了解對方的感受，反而責怪案主的不確定感。他的負面回答正好加強了案主的感受—不被全然的接納，這種談話很快就會結束，因為雙方都覺得委屈與挫折。

第二層次回答：「沒關係的！遲到就遲到了嘛！沒什麼大不了，至於關心你嘛！我當然關心你呀！要不然我每次都這麼忙，還抽出時間見你呢！別懷疑了，現在讓我們談談你與男朋友的關係。」

　　這個回答掩蓋了真正的問題所在，諮商師似乎不想面對案主的這個疑問。由此也可看出諮商師內心恐怕有不舒服，但卻不想表達。其

實，案主會直覺的知道諮商師有些不真實，所以才會提出這個問題。
所以，當諮商師迴避了回應，只會讓案主覺得更不舒服。

第三層次回答：「我倆應該進一步的來看一看你這種懷疑及不確定
　　　　　　　　感，我覺得你將對別人是否「關心」的期待投射在我
　　　　　　　　身上了，不是嗎？」

　　諮商師似乎抓住了案主的感受，卻又忽略了他真正的意思，想從
「投射」方面來錯誤的解釋案主的體驗，似乎不想要面對案主對自己
懷疑的問題。

第四層次回答：「你看起來很難受。我很高興你今天雖然不想來卻仍
　　　　　　　　然來了，雖然你有些猶豫。我想我們可以深入地探討
　　　　　　　　一下你為什麼覺得不想來。」

　　諮商師注意到了案主的難受，也肯定了他對來與不來掙扎時的決
定，他表達了願意深入探討問題所在的意願，但仍避免了探討案主覺
得不被自己真正關心的問題。

第五層次回答：「懷疑你男朋友及我對你的關心，一定讓你很難受。
　　　　　　　　這種不確定感及懷疑是不是讓你覺得很痛苦？同時是
　　　　　　　　不是也有些害怕我不是真的關心你？我今天真的很高
　　　　　　　　興你來了，雖然你有些掙扎與猶豫。說實在的，我真
　　　　　　　　的是很關心你的。我想知道在過去的談話中，是不是
　　　　　　　　我有那些行為，言談或舉止讓你覺得我是職業性的關
　　　　　　　　心你？」

　　諮商師注意到案主的感受，對她的「懷疑」並沒有不安，反而能從對方的立場去接受她的經驗。在表達了關心之後，還更深的借著反省自己的過去行爲，來表達對對方的尊重與接納。

第六層次回答：「對於你這種不能確定我是否眞心的關心你所引起的不舒服，並猶豫是否要來見我的掙扎，我實在是很在意的。我將你僅是當成一個案主來對待你而非出自內心的關心你的懷疑，我認爲也是挺正常的，因爲我就是個專業諮商師。今天你能那麼眞實的說出你對我是否關心你及來與不來的掙扎，一定是鼓足了勇氣吧！我眞的很感謝你能對我表達眞實的想法和感受。我想了解一下過去的幾次談話中，是不是那些地方你覺得我對你的關心是不眞實的？」。

　　這個回答顯示了諮商師意識到案主講眞話的「勇氣」並給予肯定，且能同理案主的掙扎與不舒服，這就是一種尊重。這種回答能減緩案主的緊張、擔心與焦慮，且有很強的自尊與價值感，同時因爲諮商師的眞實，也會令她產生安全感。

　　只有尊重案主的諮商師，才能被案主眞正的尊重與接納。

▌結　語

　　尊重，是諮商溝通很關鍵的一步，也是表達人與人之間「平

衡」、「平等」的第一步。再小的年齡，再低智商的人，都有自己的
自尊與價值。對他人所說的（無論它是多麼的幼稚或無理或可笑），
能夠「正確」的了解與明白，並能讓對方清楚的知道，你真的了解了
他所說的，這就是溝通了「尊重」。這個「尊重」的溝通，不是一件
容易做到的事，需要有許多的練習、反省與行動。

練習

一、每日觀察自己的思、言及行為，看看是否常有對自己及對他人的偏見、自傲
　　以及負面的表達。

二、若發現有這些行為及思想，下定決心立刻改變。

三、練習分析自己與他人的對話，按照上述的六個層次來進行評分（至少10
　　次）。

四、用「尊重」的態度來回答下面的問題：

　　(一) 我真的不喜歡你，因為你總是抬著頭跟別人說話，我不明白你有必要這
　　　　麼自大嗎？

　　　　第一層次：＿＿＿＿＿＿＿＿＿＿＿＿＿＿＿＿＿＿＿＿＿＿＿＿＿＿

　　　　第二層次：＿＿＿＿＿＿＿＿＿＿＿＿＿＿＿＿＿＿＿＿＿＿＿＿＿＿

　　　　第三層次：＿＿＿＿＿＿＿＿＿＿＿＿＿＿＿＿＿＿＿＿＿＿＿＿＿＿

　　　　第四層次：＿＿＿＿＿＿＿＿＿＿＿＿＿＿＿＿＿＿＿＿＿＿＿＿＿＿

　　　　第五層次：＿＿＿＿＿＿＿＿＿＿＿＿＿＿＿＿＿＿＿＿＿＿＿＿＿＿

　　　　第六層次：＿＿＿＿＿＿＿＿＿＿＿＿＿＿＿＿＿＿＿＿＿＿＿＿＿＿

(二) 我真的很討厭我媽媽，她真的好囉嗦喲！她為什麼總是不放心呢？我已經成人了，她還把我當小孩。

第一層次：＿＿＿＿＿＿＿＿＿＿＿＿＿＿＿＿＿＿＿＿＿＿＿

第二層次：＿＿＿＿＿＿＿＿＿＿＿＿＿＿＿＿＿＿＿＿＿＿＿

第三層次：＿＿＿＿＿＿＿＿＿＿＿＿＿＿＿＿＿＿＿＿＿＿＿

第四層次：＿＿＿＿＿＿＿＿＿＿＿＿＿＿＿＿＿＿＿＿＿＿＿

第五層次：＿＿＿＿＿＿＿＿＿＿＿＿＿＿＿＿＿＿＿＿＿＿＿

第六層次：＿＿＿＿＿＿＿＿＿＿＿＿＿＿＿＿＿＿＿＿＿＿＿

(三) 我覺得你真的是個好人，我真的好喜歡你呀！我很想要跟你交往，不僅是在諮商室裡。如果能夠跟你更多的交往，對我一定有更大的幫助。

第一層次：＿＿＿＿＿＿＿＿＿＿＿＿＿＿＿＿＿＿＿＿＿＿＿

第二層次：＿＿＿＿＿＿＿＿＿＿＿＿＿＿＿＿＿＿＿＿＿＿＿

第三層次：＿＿＿＿＿＿＿＿＿＿＿＿＿＿＿＿＿＿＿＿＿＿＿

第四層次：＿＿＿＿＿＿＿＿＿＿＿＿＿＿＿＿＿＿＿＿＿＿＿

第五層次：＿＿＿＿＿＿＿＿＿＿＿＿＿＿＿＿＿＿＿＿＿＿＿

第六層次：＿＿＿＿＿＿＿＿＿＿＿＿＿＿＿＿＿＿＿＿＿＿＿

(四) 我覺得你太年輕了，你一定不能了解我說什麼，所以我想換諮商師。

第一層次：＿＿＿＿＿＿＿＿＿＿＿＿＿＿＿＿＿＿＿＿＿＿＿

第二層次：＿＿＿＿＿＿＿＿＿＿＿＿＿＿＿＿＿＿＿＿＿＿＿

第三層次：＿＿＿＿＿＿＿＿＿＿＿＿＿＿＿＿＿＿＿＿＿＿＿

第四層次：＿＿＿＿＿＿＿＿＿＿＿＿＿＿＿＿＿＿＿＿＿＿＿

第五層次：＿＿＿＿＿＿＿＿＿＿＿＿＿＿＿＿＿＿＿＿＿＿＿

第六層次：＿＿＿＿＿＿＿＿＿＿＿＿＿＿＿＿＿＿＿＿＿＿＿

(五) 我覺得你長得太像我以前的女朋友了，我一定無法相信你的。我不能與你做好朋友，請你諒解。

第一層次：＿＿＿＿＿＿＿＿＿＿＿＿＿＿＿＿＿＿＿＿＿＿＿＿＿

第二層次：＿＿＿＿＿＿＿＿＿＿＿＿＿＿＿＿＿＿＿＿＿＿＿＿＿

第三層次：＿＿＿＿＿＿＿＿＿＿＿＿＿＿＿＿＿＿＿＿＿＿＿＿＿

第四層次：＿＿＿＿＿＿＿＿＿＿＿＿＿＿＿＿＿＿＿＿＿＿＿＿＿

第五層次：＿＿＿＿＿＿＿＿＿＿＿＿＿＿＿＿＿＿＿＿＿＿＿＿＿

第六層次：＿＿＿＿＿＿＿＿＿＿＿＿＿＿＿＿＿＿＿＿＿＿＿＿＿

第十二章

眞 誠

你問我，你是誰？

我看著你的眼睛，回答：

我是xxx⋯

你的嘴角微微的上揚，

輕聲的說：

我倆是一國的。

　　在諮商室中，案主帶來最普遍的一個問題就是，「我不夠好，我『應該』能夠做的更好。」我通常會問他們「什麼是應該？」母親會說：「孩子需要我的時候，我應該隨時都在。」「孩子不開心的時候，我應該讓他開心。」

爸爸會說：「我應該賺足夠的錢，讓家人過得舒服。」「我應該能夠很成功，成為孩子的表率。」

老師會說：「我應該能夠回答學生所有的問題，否則我就不是好老師。」「我應該能夠循循善誘學生，不應該責備他們。要有耐性。」

老人則會很內疚的表示：「我應該身體健康，仍然能夠自理，有足夠的經濟來支持到孩子。我應該不成為他們的負擔。」

「應該」成為了一個標準，一個遙不可及但卻不斷自我要求的目標，人們難受著，內疚著。即便如此，人們仍繼續削足適履地重複著這個自罰的量尺。「應該」變成了一個要「扮演」的角色。

如果只是角色扮演的話，母親、父親、兒子、女兒、老師、老闆、領導、屬下就成了一個個枷鎖，因為它只是一個角色，而不是自己。不能真誠與真實地做自己，是一件很痛苦的事。真誠與真實本是一體的兩面，但由於它們的體現有所不同，因此在這裡先談真誠。

真誠，指的是一種發自內心的意願，是真心的關懷。它沒有任何虛情假意，有的就是明確與坦誠。真誠的人，自然不做作，開放而直接。他自信，不隱藏，不虛假，也不討好。真誠是一種堅定而不猶豫的態度。諮商師如果很真誠，就能讓案主產生安全感、信任感。這就會減少與案主建立信任關係的時間，進而更快地進入問題的核心。

以下例子所呈現的，就是從虛偽做作，發展到真誠的過程。

案主想要和諮商師討論墮胎的問題，但又不知諮商師的態度，因此想要先了解他的看法，然後再決定是否要對他開放。

問題：我想聽聽看你對墮胎的看法

第一層次回答：「我不明白為何我的意見對你如此重要？現在是你懷孕，不是我。我最關心的是你的看法，而不是我的，

我真的很關心你的。只要你做任何決定，我都尊重並支持。」

——表面上是關心案主的看法，實際上這是一種自我防衛、不開放、做作、未能同理說話人的感受及想法的回答，說尊重案主卻是欲蓋彌彰。

第二層次回答：「喔，這個問題很棘手，墮胎是一個相當主觀的問題。告訴我你的看法吧！你認為如何？」

——這是一種做作、虛假，不願講自己真實的想法，事實上不想告訴案主，因此，這種表述就是應付案主的敷衍之詞。

第三層次回答：「你似乎很在意我的看法，也很想知道我的想法，是吧！你是不是有些擔心？我知道這個問題很不容易的，我會盡量了解你的感受及想法的。」

——諮商師注意到了案主很在意自己的看法，也同理了他擔心的這一部分。但是不知道為什麼仍然沒有開放的去回答案主的問題，仍像在打太極拳一樣，將問題又拋回給了案主。

第四層次回答：「這是一個很難回答的問題，到現在為止，我還沒有任何一個比較肯定的看法及立場。不過我覺得任何一個立場並非絕對的，我與許多人交談過，有贊成也有反對的，而且各有理由。我覺得只要是為當事人好，他能負起任何決定的責任，我都支持。你覺得呢？」

——諮商師已開始談自己的想法，但仍未能很明確而堅定地表述

自己的觀點。雖然已跳出做作的狀況，但猶豫不定模擬兩可的態度，仍然無法獲得案主的信任感。

第五層次回答：「我覺得這是一個不容易回答的問題，我自己曾經也想了半天，一方面我覺得胎兒也是生命，有權利生存下來，但我認為女人也應有自由決定權，畢竟是她懷著孩子。我實在很難說那一方面才是最好。如果一定要表態的話，我比較主張不墮胎，因為我尊重每個胎兒的生存權。但我覺得每個人在做此決定的過程中，都要慎重，不能輕率。要衡量多方面的得失利害，以免將來後悔。這就是我的看法。你似乎很在意我的看法，是嗎？你的看法又是如何呢？」

這個回答是最為理想的。諮商師不僅真誠地表達了自己的看法，也考慮到對方的立場，並給對方一個機會來探討及分享自己的想法及感受。這種考慮雙方的說法，是雙贏的表達，既不委屈自己，又尊重了對方，這種就叫做真誠的溝通態度。

注意要點

　　為什麼真誠的態度如此重要？為何諮商師一定要開放而堅定（就算立場不確定，所表達出的態度也必須是堅定的）的回答，才能贏得案主的信任？事實上案主之所以要先知道諮商師的想法，就表示他對諮商師有所顧慮。在不明白案主的身分以前，諮商師要注意案主身分的敏感性。什麼意思？案主的顧慮是什麼？他為何要顧慮？一般而

言，案主的身分有幾類，所以在回答的時候，要用一顆開放的心，並
且要愈周延愈好：

1.如果是女性就有幾種可能性：

(1)自身想墮胎，但又有所顧慮。

(2)她懷孕，但不想墮胎，卻對未來很擔心。

(3)她有朋友想墮胎，她反對，想勸阻。

(4)她有朋友不想墮胎。但如果不墮胎，可能會造成不利的後
果。

(5)她猶豫是否墮胎，不確定墮胎的危險或安全，又或是否牽
涉法律問題，或是其他。

2.如果是男性，就有幾種可能性

(1)他的女友或妻子懷孕，想墮胎，他不贊成。

(2)他的女友或妻子懷孕，他希望她墮胎，但又不確定。

(3)他有朋友想墮胎，他有不同看法。

(4)他朋友懷孕，他希望她墮胎，但又不知道正確與否。

(5)他的朋友問他意見，他不知道如何回答，來找諮商師。

問題雖然是一個，但卻是複雜的，因為有很多的角度要考慮。諮
商師雖不是全能的，但在這種情況下，贏得案主的信任，除了開放與
接納，堅定與自信之外，沒有更好的方法了。真誠，其實就是最重要
的態度。

當然，真誠還需要有真實來搭配，才能夠表裡如一，言行一致，

否則，眞誠就會成為成功的拌腳石，最後只能功虧一簣，無法眞正有效地幫助到案主。

▌結語

記得以前我在寫任何問卷時，都不想要將自己的名字寫上，因為擔心別人會將名字濫用。有很多人也跟我一樣，在摸清他人的來歷與底細之前，會將自己的東西展露出來，唯恐別人對自己不利。細細想起來，不過是自己的擔心與不安。眞誠，就是一種「坦蕩」的態度，開放的第一步。諮商關係的開展與深化與諮商師的眞誠是息息相關的。只是，身為專業的我們，如何能夠將這種態度培養成自然？那就必須在生活的道場中實踐了。

練習

一、自我檢視

1. 每日觀察自己與他人的來往，態度是猶豫的？確定的？固執的？曖昧的？

   還是……

   A. 什麼狀況我會猶豫？為什麼？（舉出10種）

   B. 什麼情況我能確定？為什麼？（舉出10個）

   C. 什麼情況我會固執？為什麼？（舉出10個）

   D. 什麼情況我容易曖昧？？為什麼？（舉出10個）

2. 反思之後，列出需要改進的地方。

   A. 對猶豫情況有無需改進之處？

   B. 對確定情況有無需改進之處？

   C. 對曖昧情況有無需改進之處？

   D. 其他情況有無需改進之處？

3. 透過觀察、反思後，在行動上已經改進的地方。

   A. 對猶豫情況已改進之處？

   B. 對確定情況若有需要改進，已改進之處？

   C. 對曖昧情況有已改進之處？

   E. 其他情況有有需要改進，已改進之處？

二、請用真誠的態度來回答以下案主的問題：

1. 老師，我最近在思考一個問題，那就是，考試可不可以作弊？

   _____

2. 如果爸爸媽媽常常吵架，你覺得做孩子的怎麼做比較好？要不要幫忙？

3. 當一個人自己很窮，看到別人有需要的時候，需不需要去幫忙？

4. 看到鄰居常常有很多長相不善的人來，要不要報警？

5. 在公車上看到有扒手，需不需要揭發？

6. 老師，你贊不贊成婚外情？

7. 你如何看待婚前性行為呢？

8. 當你上菜場買菜時，向菜販要一些蔥薑等，老師你覺得是不是貪小便宜的行為？

9. 老師，面對壞人逃跑的時候，你認為我們應不應該去幫忙追？

10. 我們學了很多的心理學，老師，你認為當看到有人在公開場合起衝突時，我們該不該去協助？

第十三章　眞實

在黑暗中，你呼喊著！

我卻在光亮裡，尋覓你，

只因爲我對你視而不見。

穿越了光亮，我瞥見了你，

執起了你的手，開始迎向光明！

　　眞誠是一種態度，眞實卻是一種自我的表達，它們雖然有區別，但卻有密切的關係。有眞誠，不一定有眞實，可是能夠眞實，就一定有眞誠。前面一章我們講過了眞誠，這裡我們更進一步的探討眞實。在心理諮商裡面，有一個名詞稱之爲「直接性」，它指的是諮商師將自己感知當下的情況，如緊張的，冷漠的，隔離的，或是停滯的，流於表面的，直接表達出來，以促動諮商關係的深入發展。其實，這就是一種眞實的表達。

▌眞實表達

　　經過多年觀察他人以及覺察自己，我了解到人們之所以不能眞實表達的原因，主要是擔心別人不高興，害怕他們生氣，也擔心與別人起衝突，因爲生氣或不高興就會破壞彼此的關係。但經過不斷反思，我發現這只是表面的。眞正的深層理由，是因爲我們內在希望被別人喜歡與肯定，這樣，自己就是個好人，好孩子，好父親，好母親，成功的人，⋯⋯等。每個人內心，都有一個害怕，害怕自己做不好，不是好人，不是好孩子⋯⋯，所以，做好，是我們的期待也是需求。這個做好的自我期待的需求，才是眞實表達的障礙。

　　不能眞實就只能虛假做作，而虛僞表示會使內心很不舒服，很難受，但這些感受都會被壓抑下來。久而久之，一個現象會產生：一方面我們會產生自責，因爲覺得自己沒有勇氣做眞實的自己，覺得自己沒用，沒做好；另一方面也對他人生氣，會覺得委屈，因爲自己已經很努力，但仍不受到相應的讚美與肯定。當然，這都是潛藏在潛意識中，也是來到諮商室的案主，人際關係上所呈現的一種常態。

　　由於壓抑太讓人難受，所以另外有一種人際關係就產生了，那就是全然的不壓抑。有些人主張要說實話，而這種實話實說就是「想到什麼就說什麼」，「想做什麼就做什麼」，不需要隱藏也不要顧忌。的確，有句「不打不相識」的老話，指的就是，只有在「實話實說」的情況下，更眞誠眞心的人際互動才能夠建立起來。

這個道理乍聽是有幾分理，但細細想想，這其實是對眞實的一種誤解，因爲在考慮不周全的表達下，容易傷人而不自知，且會造成溝通的堵塞。實在的說，這種眞實不是眞正的眞實而是任性與粗暴，是自我中心的。

那麼，什麼是眞實呢？諮商師如何做到眞實表達呢？

▌如何眞實表達？

眞實表達有三個步驟：

步驟一、自我了解

1.了解感受：當事件發生的時候，先了解自己的感受。

2.反思：爲什麼我會有這個感受？譬如，早上碰到熟人，在與他打招呼後他卻沒有理會。覺得很生氣。此時，就要了解爲什麼會很生氣？

3.了解表像感受的最底層感受：感受往往是多重的。最爲關鍵的是下面最深層次的感受。生氣下面是什麼感受？其實是難過。難過下面，是害怕。例如，當我看到他對我視而不見時，我是生氣的。但生氣下面其實是難過的。再深入的了解，難過的下面是害怕。

4.了解最底層次感受的造因：它與自我期許（想要，期待，希望）有關。接3，最底層的感受是害怕，怕什麼呢？由於希望（期待）別人覺得我是個好朋友，是個好人。如果他也認同，那麼碰到我

了，就不會視而不見。反之，他就是討厭我，不喜歡我，所以才會對我視而不見。此時，自我懷疑就會產生：是不是哪裡得罪了他，是不是哪裡沒有做好，他才會對我視而不見？

5.放下：反省是自我了解的過程。至此，就要暫時放下自己的所思所想所感受的，開始與對方互動。

第一步驟非常的關鍵，沒有自我了解，就很容易產生對他人的指責與批判。這些都是主觀的。

第二步驟、了解對方（求證）：

將情況客觀的描述出來，並了解他怎麼回事。很多時候，我們以為的事實和真實是不同的。當了解之後，問題往往會自然消失，無需做更多的表達。接一、4.「今天早上我和你擦肩而過，你看到我了嗎？我跟你打招呼，你卻走過去了，沒有注意到我。我想知道發生了什麼？你看到我了嗎？」

對方可能會是這樣回應：「我沒有看到你呀！你跟我打招呼了嗎？有嗎？哎呀！真不好意思，我一直在想事情，沒有注意到。真對不起喲！」原來，他是在思考，沒有看到自己，此時自己害怕哪裡沒有做好的疑慮就自然消失了。佛教的經典常常談到人們是活在幻覺中，講的就是這個。如果沒有真實的表達，就不會了解事實的真相，那麼虛幻就會一直跟著我們。人們的痛苦，其根來自於此。

第三步驟、雙向溝通：

1.重複步驟二，客觀的描述狀況：「早上我看到你在大廳，和我

擦肩而過，我跟你打招呼，但你卻沒有看到我。」

2.真實表達：「我不明白怎麼回事。內心有些不安，擔心是不是我做了什麼讓你不舒服，不想理我。」，或是：「今早我在大廳見到了你，向你揮了揮手，但是你卻沒有回應，好像沒有看到我似的。我一直想向你求證，但是又不知道你是否願意回答我，又害怕我哪里沒有做好，所以忐忑了好久，終於鼓起勇氣來找你，向你了解。那天到底發生了什麼？」

這是一種不會讓人覺得被指責的自我溝通表述，它的動機就是了解對方的真相，是理性與感性兼具的真實表達。與他人互動是非常重要的溝通方式。之後，就是等待對方的回應。謹記，要能夠聆聽與同理對方，而不要辯解，才能夠達到雙向有效溝通。真實表達，就是拿回自己的責任，而對他人不妄加評斷。

第二和第三步驟不是都要進行的。當求證對方之後，問題往往消失，第三步驟當然就不用進行了。

▌諮商師如何真實表達？

下面是一個諮商情境：案主遲到了三次，這次又遲到。看看諮商師如何表達才算是真實。

第一層次的表達：「你今天遲到了，你知道嗎？」（語氣不佳，傳遞的是生氣。）

案　　　主：「我知道呀！我出門晚了，很抱歉！下次不會了。」

　　　　　　（內心也是不舒服的，但是沒有表達出來。）

　　這個表達，諮商師其實按耐住了內在的生氣（抑壓），換來的是案主的表像道歉。諮商師不真實，當然案主也會虛與委蛇。

第二層次表達：「你今天又遲到了，我在這裡等了很久了。你知道這已經是你第四次遲到了。」（聲音是生氣的。）

案　　　主：「真的很抱歉，你等了這麼久（自責）。不過，以前你說過，超過的時間算成諮商時間呀！我也不是故意的，堵車呀！我住得遠，你又不是不知道。」（委屈感反駁。）

　　諮商師在這個層次的回答中，隱晦透露了內在的不舒服，但又沒有直說，這其實是隱性抱怨。自然就引起了案主的對抗。

第三層次表達：「今天你遲到了，已經是第四次了。我有些生氣，因為我很忙，在這裡等了你很久（表達了生氣，且為它找了個理由）。你為什麼常遲到呢？（指責）到底發生了什麼？（了解）」

案　　　主：「非常抱歉，讓你生氣了。不過，我也不是故意的，路上塞車很嚴重……（找理由）我也不願意你等呀！的確，我也意識到，最近不太想來……」（感受到諮商師的生氣，有些委屈。）

　　這個表達的方式比較直接，開始粗糙真實的表達了諮商師的感

受，是一種直接性的表達。只是這麼直白的表述是單方面的，有可能引起案主的委屈感及對抗。但願意了解發生了什麼，這是一種關心的體現。

第四層表達：「注意到你今天遲到了嗎？這是第四次呢！我其實是有些不舒服的（真實表達），感覺到不被尊重（委屈）。但是也想到，你一向是很有責任感的（肯定案主），一定發生了什麼，你才會遲到這麼多次（探索）。讓我們好好的談一談吧（雙向溝通）！」

案　　主：「很抱歉讓你覺得不舒服（自責）。我不是故意的（委屈），也沒有不尊重你的意思（防衛）。只是，我覺得你不怎麼關心我（委屈），因為我已經遲到了3次了，你也從來沒有說過什麼（想要引起諮商師的注意）。所以，我覺得沒有什麼必要再諮商了（難過）。」

這個地方由於諮商師肯定了案主的責任感，表示他對案主的觀察，強化了他的優點，是可圈可點的。此時進一步了解案主遲到的原因，就容易多了。但是諮商師不僅談到了自己的不舒服，同時表達了不被尊重的感覺。這種表述雖然真實，卻是任性的，有指責的意味─你不尊重我。其實，這說明了諮商師的委屈感，因為他已經被案主「四次遲到」的對待。似乎認為自己的不被尊重是案主造成的。這種表述一定要非常小心，因為不尊重是諮商師的主觀體會，一定不是案主的意願，而這種表達會誘發案主的自責，進而要自我保護。這種保

護來自於「要做好」的自我期待的需求。而諮商師的不被尊重的感受，其實也來自於「想要做好」的自我期許的需求。如此，諮商師與案主自然會進入對抗的局面。

第五層次表達：「你今天遲到了，而且是第四次。你意識到了嗎？我其實內在是有些擔心的（關心案主），因為你平常一直是很守時的（觀察到案主的表現給予肯定），連續這麼多次遲到，我想是不是出了什麼問題（關心）？同時，我也反思會不會是我那裡沒有做好（表達自我期待的需求－想要做好），讓你覺得不舒服但又不好意思說（承擔責任），所以遲到了。其實我也很怕做不好呢（自我弱點表露）！我想了解一下是不是這樣？」

案　　主：「其實不是你沒有做好（拿回自己的責任），而是我前面連續3次遲到（反應自己的遲到），你都沒有說，我就想是不是你根本就不關心我（覺得委屈，因為多麼希望得到諮商師的關注），所以我漸漸就不想來了（難過，失望）。真的很抱歉（聽到諮商師的真實表述，意識到他的關心。因此真心的的道歉），這與你一點關係沒有（拿回自己的責任），你其實做的挺好的（放鬆，確定了諮商師也怕做不好，與自己是同類人）。」

這個表述，諮商師將內心的擔心——想要做的很好的需求表達了出來。能夠將怕做不好說出來，是要有勇氣的，是開放的。這種自我軟弱的呈現，是能夠撞擊到案主的內心，因為這也是他生活中的寫照。這就是真實的表述。

真實，就是諮商師開放、坦蕩、自信、勇敢和確定的一種表現。諮商師本來就不是個完美的人，他是個會犯錯但是卻能改變，是有意願成長突破的表率。案主不需要完美的，但卻需要一個「陪伴」者，一起努力的同道者。只有一個真實的人，才能夠感動另外一個在成長過程中的人共同成長與成熟。

現在是不是清楚一些？

再舉一例：諮商已經進行了很多次，但總沒有進展，似乎被卡住了。

諮商師：「我注意到我們的諮商已經有8次，前面我覺得有很多的進展，你有更多的分享及反思。但現在不知道什麼被卡住了？似乎不太流通。你有沒有感覺到？」

案　主：「沒有呀！我覺得挺好的。我仍然覺得很有感覺呀！」

諮商師：「哦！你覺得蠻好的。嗯！我卻有不同的體驗。我注意到你有很多的時候很安靜，沒有更多的東西表達了（**客觀的描述情況**）。當這種情況發生的時候，我很不安（**底層感受**），因為我不知道發生了什麼（**想知道發生什麼是需求**）？身為一個專業人員，當你的情緒流通，我才會覺得這過程是流暢

的。現在你的情緒沒有太多的流動，因此就沒有更多的東西出來。我會覺得是不是什麼地方我沒有洞察到或疏忽了（**探索可能遺漏的洞察及疏忽，是反思的過程，這是真實的表述，認真的與案主開放的討論，這是信任案主的體現**）？」

案　主：「沒有，我只是覺得我總是哭，或者生氣，或者抱怨，覺得太累了，需要休息一下（因爲諮商師的眞實，並對案主的信任，讓案主也能夠敞開心胸自我反省）。與你沒有什麼關係（承擔自己的責任）。」

　　這個例子就是諮商師很眞實的感知到當下諮商情境的實況，並直接的表述出來，如此就突破了案主的「卡點」。此時諮商師就可以從這個點進行探討下去。諮商過程能進入深層次，開展案主自我探索的新突破口，是諮商師的眞實表達所促動的。

▎結語

　　眞實的表達，是爲人處世的重要法寶。不眞實的人，會被虛假籠罩，同時被負向能量給淹沒。結果會是孤獨寂寞，失望絕望。這類人往往是諮商室的常客。能夠眞實的活出自我者，往往是自由、自信與充滿活力的。透過諮商師的開放與勇敢的眞實體現，案主會看到在生命道路上，還有如此的自尊與瀟灑，充滿生命力與動力的人存在，無疑是定海神針。諮商師就是個自然自主自在的表率。

練習範例：

要成為一個有效能的諮商師，生活中就要不斷的練習真實的表達，因為只有能夠真實生活的人，才能夠在諮商的會談中，真實的體現。請在下面情境中，練習真實的表達：

範例：

你和朋友在一起，但他一直不說話。你不知道發生什麼。

步驟一、自我了解：

1. 了解感受：看到他不說話，我的內心是尷尬的，難受的，不知道該怎麼辦。

2. 反思：為什麼我會覺得尷尬，難受與不知道怎麼辦呢？

3. 了解最底層的感受：其實，當他不說話時，我最底層的感受是擔心與害怕。

4. 了解最底層感受的造因：期待與需求是造成我們感受的關鍵。害怕他是不是對我有什麼不滿意，才不說話。我希望借著他說話，我就知道該如何與他相處，否則，萬一我說錯了，或是講了什麼不得體的話，他會不會看不起我？所以我是不知所措的（了解我的期待，需求）。

5. 放下：現在明白了自己的所思所想，以及所感受的。開始暫時放下，了解對方。

步驟二、了解對方（求證）：

客觀的陳述現況：我們兩個坐在這裡有好一陣子了，但是你都沒有說話，不知道怎麼回事？

步驟三、雙方溝通：

1. 客觀的陳述現況：我們兩個坐在這裡好一陣子了，但你都沒有說話。」

2. 真實表達：「看到你沒說話，我內心是忐忑不安的。因為我不知道發生了什麼？很擔心如果我開口說話，萬一說錯了，或是讓你不高興了，我們就無法再繼續友誼。或者，是不是我一開始就做了什麼讓你不舒服，或是……我有點不知所措。我很希望我們能夠開放的談一談。

練習題：

一、你爸媽催婚，你覺得很煩。

步驟一、自我了解

    1. 了解感受：＿＿＿＿＿＿＿＿＿＿＿＿＿＿＿＿＿＿＿＿＿

    ＿＿＿＿＿＿＿＿＿＿＿＿＿＿＿＿＿＿＿＿＿＿＿＿＿＿

    2. 反思：＿＿＿＿＿＿＿＿＿＿＿＿＿＿＿＿＿＿＿＿＿＿＿

    ＿＿＿＿＿＿＿＿＿＿＿＿＿＿＿＿＿＿＿＿＿＿＿＿＿＿

    3. 了解最底層次的感受：＿＿＿＿＿＿＿＿＿＿＿＿＿＿＿

    ＿＿＿＿＿＿＿＿＿＿＿＿＿＿＿＿＿＿＿＿＿＿＿＿＿＿

    4. 了解最低層次感受的造因：＿＿＿＿＿＿＿＿＿＿＿＿＿

    ＿＿＿＿＿＿＿＿＿＿＿＿＿＿＿＿＿＿＿＿＿＿＿＿＿＿

    5. 放下：＿＿＿＿＿＿＿＿＿＿＿＿＿＿＿＿＿＿＿＿＿＿＿

    ＿＿＿＿＿＿＿＿＿＿＿＿＿＿＿＿＿＿＿＿＿＿＿＿＿＿

步驟二、了解對方（求證）

    客觀的陳述現況：

    ＿＿＿＿＿＿＿＿＿＿＿＿＿＿＿＿＿＿＿＿＿＿＿＿＿＿

    ＿＿＿＿＿＿＿＿＿＿＿＿＿＿＿＿＿＿＿＿＿＿＿＿＿＿

步驟三、雙方溝通

　　1. 客觀的陳述現況：＿＿＿＿＿＿＿＿＿＿＿

　　＿＿＿＿＿＿＿＿＿＿＿＿＿＿＿＿＿＿＿＿＿

　　2. 真實的表達：＿＿＿＿＿＿＿＿＿＿＿＿＿

　　＿＿＿＿＿＿＿＿＿＿＿＿＿＿＿＿＿＿＿＿＿

二、朋友邀你出去吃飯，但是你不想去。

步驟一、自我了解

　　6. 了解感受：＿＿＿＿＿＿＿＿＿＿＿＿＿＿

　　＿＿＿＿＿＿＿＿＿＿＿＿＿＿＿＿＿＿＿＿＿

　　7. 反思：＿＿＿＿＿＿＿＿＿＿＿＿＿＿＿＿＿

　　＿＿＿＿＿＿＿＿＿＿＿＿＿＿＿＿＿＿＿＿＿

　　8. 了解最底層次的感受：＿＿＿＿＿＿＿＿＿

　　＿＿＿＿＿＿＿＿＿＿＿＿＿＿＿＿＿＿＿＿＿

　　9. 了解最低層次感受的造因：＿＿＿＿＿＿＿

　　＿＿＿＿＿＿＿＿＿＿＿＿＿＿＿＿＿＿＿＿＿

　　10.　放下：＿＿＿＿＿＿＿＿＿＿＿＿＿＿＿

　　＿＿＿＿＿＿＿＿＿＿＿＿＿＿＿＿＿＿＿＿＿

步驟二、了解對方（求證）

　　客觀的陳述現況：＿＿＿＿＿＿＿＿＿＿＿＿

　　＿＿＿＿＿＿＿＿＿＿＿＿＿＿＿＿＿＿＿＿＿

步驟三、雙方溝通

　　1. 客觀的陳述現況：＿＿＿＿＿＿＿＿＿＿＿

　　＿＿＿＿＿＿＿＿＿＿＿＿＿＿＿＿＿＿＿＿＿

　　2. 真實表達：＿＿＿＿＿＿＿＿＿＿＿＿＿＿＿＿＿＿

＿＿＿＿＿＿＿＿＿＿＿＿＿＿＿＿＿＿＿＿＿＿＿＿＿＿＿＿

三、領導對自己似乎有些意見，但是又不知道發生什麼。

步驟一、自我了解

　　1. 了解感受：＿＿＿＿＿＿＿＿＿＿＿＿＿＿＿＿＿＿

＿＿＿＿＿＿＿＿＿＿＿＿＿＿＿＿＿＿＿＿＿＿＿＿＿＿＿＿

　　2. 反思：＿＿＿＿＿＿＿＿＿＿＿＿＿＿＿＿＿＿＿＿

＿＿＿＿＿＿＿＿＿＿＿＿＿＿＿＿＿＿＿＿＿＿＿＿＿＿＿＿

　　3. 了解最底層次的感受：＿＿＿＿＿＿＿＿＿＿＿＿

＿＿＿＿＿＿＿＿＿＿＿＿＿＿＿＿＿＿＿＿＿＿＿＿＿＿＿＿

　　4. 了解最低層次感受的造因：＿＿＿＿＿＿＿＿＿＿

＿＿＿＿＿＿＿＿＿＿＿＿＿＿＿＿＿＿＿＿＿＿＿＿＿＿＿＿

　　5. 放下：＿＿＿＿＿＿＿＿＿＿＿＿＿＿＿＿＿＿＿＿

＿＿＿＿＿＿＿＿＿＿＿＿＿＿＿＿＿＿＿＿＿＿＿＿＿＿＿＿

步驟二、了解對方（求證）

　　客觀的陳述現況：＿＿＿＿＿＿＿＿＿＿＿＿＿＿＿＿

＿＿＿＿＿＿＿＿＿＿＿＿＿＿＿＿＿＿＿＿＿＿＿＿＿＿＿＿

步驟三、雙方溝通

　　1. 客觀的陳述現況：＿＿＿＿＿＿＿＿＿＿＿＿＿＿

＿＿＿＿＿＿＿＿＿＿＿＿＿＿＿＿＿＿＿＿＿＿＿＿＿＿＿＿

　　2. 真實表達：＿＿＿＿＿＿＿＿＿＿＿＿＿＿＿＿＿＿

＿＿＿＿＿＿＿＿＿＿＿＿＿＿＿＿＿＿＿＿＿＿＿＿＿＿＿＿

四、不想要考大學，但是父母、老師卻不斷的說服自己。

步驟一、自我了解

    1. 了解感受：_____

    _____

    2. 反思：_____

    _____

    3. 了解最底層次的感受：_____

    _____

    4. 了解最低層次感受的造因：_____

    _____

    5. 放下：_____

    _____

步驟二、了解對方（求證）

    客觀的陳述現況：_____

    _____

步驟三、雙方溝通

    1. 客觀的陳述現況：_____

    _____

    2. 真實表達：_____

    _____

五、最近妻子常常不在家，又沒有交代。很想要弄明白怎麼回事。

步驟一、自我了解

    1. 了解感受：_____

2. 反思： _____

3. 了解最底層次的感受： _____

4. 了解最低層次感受的造因： _____

5. 放下： _____

步驟二、了解對方（求證）

客觀的陳述現況： _____

步驟三、雙方溝通

1. 客觀的陳述現況： _____

2. 真實表達： _____

第十四章

經驗分享

孤獨的你，低頭前行

形單影隻的我，與你平行

未交集

直到你看到我，我進入你靈魂的深處，

你我成為了我們。

　　曾聽過一個小故事：上帝是宇宙萬物的主宰，所有的受造物就向它朝拜。魔鬼很不服氣，覺得自己的能力超過上帝。所以，有一天它找到了上帝要和上帝一較長短，上帝就問魔鬼要如何進行才好，魔鬼說讓我們一起做一個成品，你做一半，我做一半然後來比較，上帝說：「沒問題！」於是他們就一起動手，做了個成品。當第一個做完之後，上帝並沒有停手，他繼續做第二個，魔鬼也跟進。當第二個也完成了之後，上帝與魔鬼就將這兩個成品放至世間測試，看看到底是上帝做的一半較好，還是魔鬼做的較好。魔鬼由於信心不大，所以跟著去看，而上帝仍是過著平常的日子非常有自信。一星期之後，魔鬼回來很懊惱的說：「我真不該讓你做第二個，因為有兩個成品存在，

他們彼此支持與分享，傳遞了愛與關懷，善良與仁慈，他們活得開心與自在，我承認我輸了。」這個成品的名字就叫做「人」。

　　當然這只是個寓言，它要表達的是，只要有兩個人在一起，藉著彼此的交流、溝通而得到了生存的力量，人就不再孤獨。這也是團體聚會的目的，藉著二人以上的相聚，大家互吐心聲，交換意見與想法，使人覺得活著是有意義的。經驗分享就是這種互相支持、鼓勵的溝通方法。心理諮商就是利用了這種方式一方面從行為上讓案主覺得「我不是孤獨的」，同時由於諮商師本身受過專業訓練，所以會給案主帶來比一般人更多的信任與安全。因此，諮商師的經驗分享就成了很重要的激勵與定心的元素。

▌經驗分享的作用

1. 經驗分享其實也是真實的展露，當諮商師分享自己的經驗後，等於是先向案主敞開了心門，顯示自己是個有誠意、有真心的人，不需要隱藏什麼，使案主能信任自己，並進一步的開放、真誠的表達真實我。

2. 經驗的分享，可幫助案主看清自己的盲點。每一個人都有看不清的地方，借著諮商師的分享，案主可以增廣視野，開闊心胸，從諮商師的身上吸取經驗及智慧，並加深對自己與諮商師的了解。

3. 孤獨感的減少。「沒有人是一個孤島」（No man is an island）

是西方很有名的一句諺語。它表達的是，在人生的道路上，沒有一個人是踽踽獨行的，因為我們有彼此。自我封閉、固執已見的人，往往不會與他人分享任何經驗，因此，他們也是最孤獨、最不被了解的一群。分享經驗，表達了諮商師對案主的邀請，邀請他在人生的路上可以更開放，因為開放了才能讓他人進入自己的生活，那麼人才有可能充滿活力與光彩。

4. 經驗分享是一種願意了解、信任對方及接納對方的一種表現，使對方覺得被信任、有溫暖與安全感。因此，諮商師的開放很是重要。

▌分享經驗時所需注意的事項

任何經驗分享都是有意義的，只是分享時有一些要特別注意之處，否則就會適得其反。

1. 諮商師分享經驗的目的，是幫助案主建立對自己的信任及開放，縮短彼此之間的距離，以促進對方更深入地分享自己，並能從分享的經驗中，得到拓寬視野的知識，以及達到對解決問題或困難的積極影響。因此，它絕對不是分享者的獨白，或是藉著經驗的分享使自己成為話題的中心。經驗分享，是要促進交談進入深度，充滿活力，它必須要靠互動來完成。如果只是一個人在分享那冗長的故事，用不了多久，案主會覺得煩躁、無趣，沒有耐心

聽下去，那麼談話就會結束，且諮商師原本建立的一點信任有可能會因此而失去。

2. 諮商師分享時是要有積極的效果，而非消極的。若不得已必須分享消極的經驗時，心中一定要有一個積極的目標，否則只會讓對方覺得有的壓力。例如，案主與你分享他教育子女的痛苦：孩子不聽話，又會頂嘴，心中很煩躁，不知該怎麼是好。如果諮商師現在正好也在經歷這種痛苦，卻不知道該如何是好的時候，此時不要做任何經驗分享，只要用「同理心」來聆聽、來了解，本身就會產生很大的支持作用。但若為了拉近彼此的距離，諮商師仍可分享自己的痛苦，只是要記得，這是為了能對案主起到一個正向的效果。譬如說，面對孩子的頂嘴覺得很困難，可以分享說，自己準備去上親子關係的課程以得到幫助；或是要去看更多如何培養親和力的書籍……等。這種分享是能夠給案主帶來希望、力量，也就是說，案主會覺得連諮商師都有解決不了的問題，同時也要有做更多的學習時，這會讓他覺得鼓舞，並產生與諮商師並肩作戰的力量。只是，諮商師在成長突破上不能比案主速度慢，否則案主會對諮商師產生質疑。

3. 可以引用他人成功的例子：例如，案主的伴侶出軌，他非常的氣餒、憤怒、難過，但是卻不知道該怎麼辦。此時，如果諮商師沒有類似的經驗，可以引用他人面對第三者的成功實例來協助案主找到問題所在並解決。但不可虛構，因為虛構是「假」的，假的

東西是很容易穿幫的。當然，不一定要做經驗分享，因為如果沒有掌握好，對案主不見得會有幫助。很多情況，將專注、聆聽、同理心、探索等步驟掌握好，很有可能案主就能找到問題所在。要記得，所有的療癒都來自於案主本身。

4. 經驗分享的正確時間是異常重要的。有些人找諮商師談話的目的，只是為發洩一下，或整理一下思緒，或想找到一個解決問題的方案，如此而已，他們並不一定想要知道對方的經驗或想法，只是想借借耳朵罷了，如果沒有注意到這一點，分享經驗就成為多餘的，甚至是無聊的。

▌經驗分享的例子：從無效到有效的過程

例子：小王覺得生活中很是孤獨，有朋友也似沒有，活得沒有意義，想要自殺。

第一層次回答：「我也曾經孤獨過，我能體會你的心情，但是你必須要站起來，把你的雙手伸給別人，你必須相信別人，否則別人也不曉得你是孤獨的，我就是這樣走出來的。你看，我不是活得很好嗎？」

　　——這種回答雖是鼓勵，卻暗含著責備，責備小王沒有跟別人交往，不信任他人。言下之意是「你看，我都做到了。你也要走出自己，與他人交往。你也能做到」。這是一種沒有了解小王痛苦與不想

活的的無效溝通。不僅如此，小王很可能對諮商師會產生對抗。

第二層次回答：「是呀！孤獨的感覺是很可怕的，我非常了解你的感
受，我也經歷過，我再也不要去體驗那種感覺了。」

——這種回答強化了小王孤獨的痛苦，非但對小王沒有幫助，反
而倒打一耙，增加了他更多的壓力及心理負擔，因為連諮商師都不想
再經歷這種孤獨的話，小王在其中不是沒有什麼希望了嗎？自殺就顯
得合理了。

第三層次回答：「我想你一定是非常的痛苦，因為獨自一人的感覺是
很難受。我也經驗過這種孤獨，你越是想不孤獨，也
就越脫離不了，我真的了解你。」

——這是一種初層次同理心的運用，且同理的不錯，但卻無法有
效的幫助案主走出孤獨。但在此情況下，若能具體地分享自己如何
面對及越過孤獨的痛苦，則可增加積極正向的效果，因為它能帶來希
望。

第四層次回答：「我真的了解你在說什麼，小王。我也曾孤獨過，
那種孤獨的感覺是吞噬人心的，難受至極。我的作法
是，我找了一位心理諮商師，請他幫助我了解為何我
會如此的孤獨。在他的幫助下，我明白了是因為我很
內向，不太與人交往，所以將自己封閉了。所以，在
行動上我做了突破。我開始打電話找朋友聊聊天，吃
飯，並分享我的想法與感受。後來我又開始參加同學

聚會，漸漸的我就走出了這種孤獨。有時還是會有這種感覺，但我就打個電話找人聊一聊，就好多了。不知道你覺得如何？」

——這個分享不僅了解了小王的感受，也因自己經驗的分享，幫助他有一個積極具體的方法來面對及處理自己的問題。

經驗分享，也是與案主同頻共振的一種方式，它讓案主覺得如果連心理諮商師（專家）都會有這種問題，且最終亦解決了。未來是有希望的，因為我有「先行者」的榜樣。路是一定可以走通的。

多年以前，我在《心理輔導》雜誌寫專欄。在專欄中分享了很多生活中的體驗，這就是經驗分享的形式。後來被邀請去一所精神病院與「精神病人」交流。在交流的過程中，有些「病人」（用引號是因為超個人心理學裡面，我們沒有病人的稱呼）就很高興的告訴我：「張老師，連你這個專家都生活的如此不容易，我們覺得自己的問題也不是什麼大事」。聽了之後，我開懷的笑了。是的，沒有問題的人才是真正的有問題呀！愈是專家愈有問題。有問題，不怕。怕的是，有問題卻隱藏起來，在肚子裡發爛，終至傷人傷己。

練習

1. 我不想考高考，因為我覺得念大學有什麼好處？浪費了生命去學那些沒有用的
   科目，一點用都沒有，而且還這麼辛苦。還不如早早進入社會去實踐，在生活
   中學習才對我的生命更有幫助。

   第一層次回答：＿＿＿＿＿＿＿＿＿＿＿＿＿＿＿＿＿＿＿＿＿＿＿

   第二層次回答：＿＿＿＿＿＿＿＿＿＿＿＿＿＿＿＿＿＿＿＿＿＿＿

   第三層次回答：＿＿＿＿＿＿＿＿＿＿＿＿＿＿＿＿＿＿＿＿＿＿＿

   第四層次回答：＿＿＿＿＿＿＿＿＿＿＿＿＿＿＿＿＿＿＿＿＿＿＿

2. 我快要結婚了，但我真的不想結婚，擔心結婚後會被束縛住。

   第一層次回答：＿＿＿＿＿＿＿＿＿＿＿＿＿＿＿＿＿＿＿＿＿＿＿

   第二層次回答：＿＿＿＿＿＿＿＿＿＿＿＿＿＿＿＿＿＿＿＿＿＿＿

   第三層次回答：＿＿＿＿＿＿＿＿＿＿＿＿＿＿＿＿＿＿＿＿＿＿＿

   第四層次回答：＿＿＿＿＿＿＿＿＿＿＿＿＿＿＿＿＿＿＿＿＿＿＿

3. 我認為人生是沒有意義的。你看，每個人都像無頭蒼蠅在那兒汲汲營營。我也
   是。總為了家庭孩子而奮鬥，但是到頭還不是不被理解。算了，真的想出家
   去。

   第一層次回答：＿＿＿＿＿＿＿＿＿＿＿＿＿＿＿＿＿＿＿＿＿＿＿

   第二層次回答：＿＿＿＿＿＿＿＿＿＿＿＿＿＿＿＿＿＿＿＿＿＿＿

   第三層次回答：＿＿＿＿＿＿＿＿＿＿＿＿＿＿＿＿＿＿＿＿＿＿＿

   第四層次回答：＿＿＿＿＿＿＿＿＿＿＿＿＿＿＿＿＿＿＿＿＿＿＿

4. 我真的很糟糕，記憶變得如此之差。我不知道該怎麼好。

   第一層次回答：＿＿＿＿＿＿＿＿＿＿＿＿＿＿＿＿＿＿＿＿＿＿＿

第二層次回答：＿＿＿＿＿＿＿＿＿＿＿＿＿＿＿＿＿＿＿＿＿＿＿＿

第三層次回答：＿＿＿＿＿＿＿＿＿＿＿＿＿＿＿＿＿＿＿＿＿＿＿＿

第四層次回答：＿＿＿＿＿＿＿＿＿＿＿＿＿＿＿＿＿＿＿＿＿＿＿＿

5. 我真的想要離家出走。我的家庭真的很冷漠，爸爸媽媽總是不理彼此。我夾在中間真的很難過。

第一層次回答：＿＿＿＿＿＿＿＿＿＿＿＿＿＿＿＿＿＿＿＿＿＿＿＿

第二層次回答：＿＿＿＿＿＿＿＿＿＿＿＿＿＿＿＿＿＿＿＿＿＿＿＿

第三層次回答：＿＿＿＿＿＿＿＿＿＿＿＿＿＿＿＿＿＿＿＿＿＿＿＿

第四層次回答：＿＿＿＿＿＿＿＿＿＿＿＿＿＿＿＿＿＿＿＿＿＿＿＿

第十五章

家庭作業、結案、轉介

我「知道」，但是仍然不能改變什麼。

沒有行動，

空空空

行動，

一切具象，成就！

然後，可以說

完成了。

　　心理諮商的最後一個階段，就是案主將所了解的與體悟的，在生活中付諸行動。沒有行動的諮商，只是完成了思想上的轉換，仍然是停留在腦袋層面。人的意識，包含了三部分，思想、情感，以及行為。沒有行為的實施，情感處理了，思想改變了，卻仍停留在自己的內觀世界，而未能與外在的世界連接。沒有這個橋梁的架接，仍然是兩個獨立的空間，沒有關係的建立，一切也就枉然。

▌家庭作業

　　小冉是位高中生，平時會抓摳身體，全身都是小的疤，顯然有自殘的現象。在經過幾個月的諮商後，他明白了問題的根本是「人生沒有意思」，因為所有的一切父母都安排好了，自己只有聽他們的份，任何對抗、不理、絕食都沒有用。做了幾次的家庭溝通，結果，父母認識到自己的擔心與焦慮，也了解了自己的過度干預造成孩子一方面對抗，同時又自我貶抑。因此，他們決定將孩子的自主權交還給他。

　　剛開始的一個月，小冉覺得很好，父母說放手就放手，不再干涉他。他想滑手機就滑手機，想聽音樂就聽音樂，不想看書也沒有人管。但沒過多久，小冉開始覺得被孤立、被遺棄，再次陷入了抑鬱。他很困惑的再次來到我的諮商室，想要弄清楚到底怎麼回事。經過更深的探討，他終於明白了自己要的其實不是不被管束，而是希望父母不要全部干涉他，而是能夠在他需要的時候，可以得到支援，同時逐漸地學習自我管理。

　　然而，一個人的慣性是很難改變的，一旦形成了模式，就要用更強大的力量才能突破。什麼時候父母的參與是支持而不是干涉？什麼時候小冉應該自己拿起責任來？這些都是要在實際的生活中，去磨合，去把握。

　　小冉的父母、小冉和我開始了「家庭作業」──行動計畫協商會談。首先，決定制定一個界限與規則的計畫：

一、家庭界限與規則的制定

　　由於小冉之前的一切都是根據父母的安排來進行，因此沒有自己承擔責任的意識，也沒有自由來處理事物的概念，即使抱怨父母，但獨立自主能力也的確很薄弱。因此，父母和小冉要從各方面去建立規則與界限，以給予彼此充分的尊重。界限有很多種類，如時間界限、空間界限、職務界限；規則有獨立規則，有輔助規則，如，何時完成分配的工作，如果沒有完成該如何負責任等等。這是一個家庭分工合作的結構，可以讓彼此有確定感與自由感，因為它符合了人們內心天生的規律感及需要。

　　這個計畫必須是他們自己制定，我只能協助。由於這個家庭很少共同討論或做一件事，一開始他們就很困難的表示：「不行呀！不會呀！你幫幫我們吧！」可以看出他們的焦慮與擔心。在我的協助下，他們將家務做了分工，並將每個人的隱私空間也做了劃分，還有何時用餐，看電視的時間等等都做了明確的設定。其實，任何團體生活，界限與規則是幫助大家都能夠自由的、安全的以及放心的互動。另外，還定出了每個星期家庭聚會的時段，以保障彼此的交流可以有一個固定時間進行。僅僅三人之家，但卻很少有互動與交流。哎！這就是家庭的問題呀！不是小冉個人的，而是家庭創造的。只是，家庭認定的「病人」往往是孩子，其實孩子只是替罪羊呀！

二、小冉的個人規劃

除了家庭規則及界限的制定外，小冉也對養成自己獨立自主的生活態度，開始做一些詳細的規劃：

1.自己起床，不需要被提醒。

2.上學時不坐計程車，要搭捷運。

3.要控制使用手機的時間。

4.要減少聽音樂的時間。

5.要自主的去念書，不要等到爸媽催促。

6.要減少吃零食，因為體重超標。

7.不要花太多的時間cosplay。

8.進行cosplay的時候，自己攢錢買服裝。

9.要將最弱的的科目英文，多做加強。

10.要多吃蔬菜，少喝飲料，多喝白開水。

過程中小冉很是興奮，除了這10項之外，還想要做更多的安排。他的臉上露出了笑容，看到自己需要做的改進，似乎有了希望。就像我們多數的人一樣，在過新年、新學期、新工作的開始，總是給自己定出一些計畫，希望藉著新的開始，可以有新的生命旅程。希望對過去有一個全然的改變。

注意事項：

任何行動計畫的實施，皆需要經歷一段調適過程，而不是一步登

天，立馬成功的。很多人對自己失望，往往是志向宏遠，但卻是眼高手低。計畫可以分爲近程、中程及遠程。小冉在我的協助下，決定在六個星期內完成這10項個人的規劃。

之後，他就將這10項個人的規劃評估一下它們的重要性、可行性及難易度。由於他是個學生，最爲重要的是自行起床及坐捷運上學。所以他就將這兩項放在近程來執行。

第一步：做整體計畫

1. 近程

制定出要完成事件的細則：

(1)不需要父母提醒自行起床：如何完成？需不需要協助者？如果需要，誰是協助者？如果沒有完成的話，要承擔什麼責任？如果完成的話，要如何給予自己肯定？面對這幾個向度，他本來是自信滿滿，但在回想了過去的失敗經驗後，他決定找最好的哥們來幫助他一段時間；他也寫下了如果沒有完成這個起床的責任，父母可扣下他十分之一的零用錢。如果做到了，他就吃五顆最喜歡的白巧克力糖。

(2)坐捷運上學：由於沒有坐過捷運上學，所以要找出坐幾號捷運，到學校要多少時間。然後計算從家裡到捷運的距離，需要多少時間到達捷運站。經過查詢，小冉要坐5號捷運，離家大約5分鐘路程，到學校要30分鐘。做此計算之後，小冉確定了何時出門，何時

到學校。他的哥們仍然是他的支持者。

2. 中程、遠端

近程計畫完成之後，小冉又做了中程及遠程計畫。按照近程的(1)及(2)步驟，他完成了中程及遠程的細節行動。當小冉完成了整體計畫後，即可看到他顯現出的希望感及興奮感，情緒特別的高昂。

第二步：執行分程計畫，並檢討反省

首先對近程的(1)、(2)步細則計畫一一完成。每天晚上做檢討與反省。由於很少有獨立自主完成的經驗，故一位協助者或是支持者很是重要。因此，每天的檢討反省過程就和小冉的哥們一起完成。由於小冉很堅定且有決心，而哥們又是小冉十分信任的人，因此近程的起床及坐捷運執行的成效很好。

當然，一開始不是很容易，一旦人有了慣性，想要改變其實是很難的。由於哥們的幫助，以及完成後白巧克力的吸引力，小冉在第一個星期就達到了目標。比原定計畫提早一個星期進行中程的行動計畫。

第三步：慶祝

當案主能夠逐步地完成行動，改變原來的不良習慣，這是非常值得慶祝的。透過慶祝，讓案主身心靈皆能體會到自我突破的喜悅。能

夠自我改變，才是自尊自信的根本。常言道，我們是自己的主人，但能成為自己主人的人太少了。

是的，因為我們的自律太弱，自信太低。小冉在六個星期一點一點的，一步一步地完成了這10項個人規劃的事項，我特別為他高興。他在這段時間內瘦了12公斤，變得帥及自信，更有意思的是，他竟然不再去玩cosplay。成績好了許多。

▋結　案

諮商過程，就是為了案主能對生活中所發生的，有正確的認知，並在生活中體現出效果，以便能增加生活能力。當案主達到了這個目標，就是結案的時候了。在結案時，諮商師首先要讓案主回顧一下他開始諮商時的狀況，然後再看看到結案時的整個過程。在此過程中，讓他清楚地指出他的進步所在，並給予肯定。在這裡要提醒諮商師，切忌「讚美」案主，因讚美往往是來自於外在。而肯定案主的進步，則是對於他的「投入」、「認真」、「堅忍」等等內在特質的再加強，這是一種自尊、自信態度的養成。

在結案時，還有一個很重要的事項要注意，那就是案主與諮商師都要面對「別離」的時刻。別離，往往會引起一個人的難過或哀傷，因為兩個人一起走過了「困難」的時光，經過探索與面對，繼而才有改變的發生。此過程雖說是案主自己的個人經歷，但諮商師的支持是

具關鍵作用的。所以，兩個人都要談談面對可能不再見面的感受，這就是有頭有尾的閉環作用。每個人的心理都有「完成」的需要，這就是確定感的發生，只有內心確定了，人心才能踏實，才能穩定。故而，此環節十分的重要。

▍轉　介

　　不是每個案主諮商師都能夠「接得住」，因為諮商師有自己的局限性。在與諮商師們交流的時候，常常聽到「這種人就不是好案主」、「這個案主簡直是沒法做」……，很多來自於諮商師的感歎。其實，諮商師要有一個「謙卑」的心態，那就是沒有不適合的案主，只有能力不夠的諮商師。是的，心理諮商是個專業，它不同於其他的職業，需要有很扎實的理論及實操的能力，尤其是與生活息息相關的。缺少對生命投入的人，是無法成為稱職的諮商師。我們不需要「優秀的」、「很棒的」，但需要有「生命力的」、「有能力的」、「有豐富生活經驗的」、「不怕痛苦的」諮商師。

　　諮商師要有自知之明，當我們面對案主，在諮商的過程中，是要清楚自己有沒有能力幫助案主。如果沒有的話，就需要轉介。意思是，將案主轉介給其他有能力的心理諮商師。所以，諮商師和諮商室都需要準備一個可以轉介的機構及有不同諮商師名字的名冊，這樣就可以在需要的時候，為案主找到對他最有力的支持系統。這是很重要

的諮商倫理關係。諮商的目的，是爲了案主的最大利益化，也是諮商師要學習的謙卑態度。只有謙卑的態度，諮商師才能最有效地幫助案主。

▌結語

案主的行動在結案前，是最爲關鍵的。如果沒有完成行爲的改變就離開諮商室，這算是失敗的案例。諮商師一定不能讓這種情況發生，故此，陪伴案主的計畫執行，每一個近程、中程及遠程的行動安排及評估，都要謹愼進行。在他完成的時候，給予肯定與支持；在遇到挫折的時候，要協助他了解卡點並穿越。

在案主行動的過程，諮商師要有耐心、關心與理解，要注意自己的情緒反應，並時時覺察並調整。

無論是在諮商過程的哪一階段，如果諮商師發現自己能力有限，實在無法有效的幫助案主，那麼就要立刻提出轉介的建議。此時是謙卑態度的表現，千萬不要爲了顧自己的面子或擔心失敗而硬拗，那樣，對案主及自己都是損人不利己的。

練習

　　以下的各種情況都是需要諮商師協助案主採取行動來改變現狀。如果諮商師是案主的話，請提出行動的方案：

1. 案主網路成癮，每一天要上網至少6小時。這樣的情況嚴重影響上學的效果。

_____

2. 案主對性成癮，總是留戀在酒吧獵豔。但是覺得是必須改變的時候了。

_____

3. 案主有強迫性的行為，每次出門都要鎖門數十次。

_____

4. 案主每天都要工作至少18小時，想要改變。

_____

5. 案主害怕到人多的地方，一旦到人多處就會有窒息流汗，全身緊張的情況出現。

_____

第十六章 諮商室的設置及其他注意事項

　　這一章，就諮商室的設置，案主第一次要簽署的文件及其他注意事項，做一個大致上的介紹。這是依據多年的諮商經驗寫下的，在此提出，是為了協助新手諮商師的啟動工作順利一些。它不包括那些特殊狀況。

諮商室的設置

　　新進的諮商師要開始啟動專業的服務，首先最需要關注的就是諮商室的設置。諮商關係的深淺及安全感的建立，是諮商室如何設置的一個關鍵要素。此話怎講？其實，所有的環境與設置，為的是建立案主對諮商師的信任及安全感。其中，最主要的是案主對諮商師的信任。如果案主已對諮商師有很強大的信任感，那麼安全感是必然的副產品，諮商室的設置就不是那麼的重要。當然，能夠贏得案主的信任及有安全感的諮商師，本身就會注重諮商室的擺設、氛圍及環境。就一位新手諮商師而言，諮商室的設置及環境，就是建立信任與安全最為重要的元素之一。

1. 座位的安排

在傳統的諮商室中，案主及諮商師的座位，是兩張椅子擺放為90度。原因是當二者交談的過程中發生了靜默，或是某一方產生了尷尬或想要回避的時候，眼睛可以轉開。在超個人心理諮商的情境中，並沒有什麼強制性的安排。只要能夠進行諮商，諮商師及案主沒有特殊要求，如何擺放都可以。我自己從19歲開始接受心理諮商及靈性指導及日後的專業諮商工作的幾十年歲月中發現到，面對面交談時，諮商師及案主的「心」是交相互動的，可形成一個「心的擁抱」能量場。特別在靜默中，或是看似「尷尬」，或要「回避」的情境中，案主的主動性會被促動，內心的智慧會被開啟，轉化提升的力量會運作起來，反而讓「體悟」或「洞見」會很容易的產生。故而，我的座位安排是面對面的，效果非常的好。

2. 辦公桌與檔案櫃

一般而言，諮商室不需要太大的空間，空間太大會有冷清的，不溫暖的感受。因此，最好不要放辦公桌及檔案櫃。辦公桌及檔案櫃放在諮商室外的地方，因為這是「辦公」的一種用品，與諮商關係有些違和。還有，特別是檔案櫃，它是存放案主檔案的地方，最好要上鎖，不能輕易讓任何人取得資料。

3. 植物、藝術品、證書的擺放

通常，諮商室放一些新鮮的、沒有氣味的綠色植物，如萬年青、綠蘿、吊蘭等等是很合適的。最好不要放鮮花，特別是有氣味的，因為有些案主對花過敏，或是有鼻炎及呼吸道問題，那麼就會引起生理上甚至心理的不良反應。尤其要記住，不要放假的花或植物，原本就心情不佳的案主，看到無生命的假東西，很容易被刺激。這些都是屬於外觀上不會被覺察的隱藏性訊息，是在潛意識發生作用，諮商師要注意到。

另外，有些諮商師喜歡在牆上掛上一些圖片、圖畫，或是自己的資格證書。這些圖畫，最好是勵志的短句，或是簡單的、有意境的，切記太複雜，色彩太絢麗。至於資格證，如畢業證書、培訓資格證書、諮商師證書等等，掛出重要的、高層次的就可以了，千萬不要掛出每一張證書，這無疑地顯示出諮商師的不自信。諮商師的信心與尊嚴，不是用證書堆砌出來的，而是服務的效能度才是。至於藝術品，放在辦公區就可以了，不需要放在諮商室內，以免引起案主的分心，甚至閒話家常，那就會影響諮商室的專業性了。

4. 環境

諮商室的地點，最好選在安靜及環境優雅的地方，這樣原本心情就不太好的案主來到時，不會更為煩躁，比較容易靜下心來思考問題。

另外，正式的諮商室往往有工作人員做接待及文書的工作，他或他們會坐在辦公區。當他們在工作的時候，要保持一定的安靜度，以免干擾正在進行的諮商。

5. 預約、時間、收費

案主需不需要預約？可否臨時進入諮商室諮商？若是要更改時間，它的規定是什麼？還有，沒有按約諮商的案主，又沒有事先告知諮商師，應該付費或是不需要？這些都必須事先設定好，以避免日後產生諮訪關係的糾纏與混亂。

面談時間的設置：一般口語（verbal）諮商時間是定在50分鐘為一個時段，這是根據西方諮商模式而定的。但根據我的經驗，由於非口語的諮商有很多形式，心理諮商師可與案主視情況自行約定，這是有彈性的。要注意的是，一旦約定好時間就不可任意更改，特別是有些諮商師沒有很強的自制力，為了某些原因無法在時間的截點上停止，這其實對諮商關係是很有殺傷力的。

收費的多少，必須在諮商開始前說清楚。諮商前或諮商後收費，也都要口頭或書面告知案主，不可欠費。

▌案主第一次要做的事情

為了確保諮商師及案主持久的信任，二者之間的協議是很重要

的。這是一種規則及界限的設置。

1.諮商師要準備一份《來訪者須知》。此須知提到任何諮商的內容，都要受到保密及非保密的約束及其他相關注意事項，這些都要告知案主，並且逐條念給案主聽，以確保他全然的明白。當他全部清楚之後，就要在此須知上簽字（請參考附件一）。

2.案主要簽署一份自己在諮商中要承諾的文書，以表示承擔責任的決心（請參考附件二）。

3.此兩份文書，如果案主是未成年人，都要有監護人的簽字。

▌諮商師要注意的其他事項

1. 團體和個人督導

新進諮商師在開始接個案時，一定要保持謙卑的心，求教經驗豐富的前輩們，所以參加一些支持團體十分重要。借助這種專業團體的力量，諮商師可站在前人的肩膀上看到更寬闊的天空。除此之外，個人的督導尤其重要。團體有團體的好處，但由於時間和人數的關係，沒有辦法進入到更細節之處，因此諮商師的盲點，很難充分的被溝通到。個別的督導，由於有充分的時間，可針對單一的個案來全面了解，如此，諮商師對整個個案和自己看不到的地方，都能夠探索到，對諮商師的幫助是非常大的。

2. 案主可以在諮商會談中喝水嗎？

這個問題看起來很小，但是卻很重要。我的教育及經驗告訴我，不要。有些案主會問：「為什麼不可以？」也有些諮商師問：「當案主難過的時候，喝點水挺好的」。首先，我會問案主：「在諮商中，什麼情況下你會喝水？」案主往往回答：「口渴」。還有呢？「不舒服，難過的時候」。口渴好解決，因為除非吃了很鹹很辣的食物，我們不會在短短的諮商時間內需要喝水。問題是，為何要在難過的時候喝水。案主的回答是，這樣我就不會那麼難過。來到諮商室的目的就是要處理案主的所有情緒，那也包括難過。如果要喝水避免難過的感受，諮商師就要弄清楚，如果案主到了諮商室都還要避免難過，那麼發生了什麼，這其實才是真正的問題。如果諮商師害怕案主難過，讓案主喝水，那麼要問問諮商師怎麼了？有能力做諮商嗎？

3. 何時給案主遞紙巾？

紙巾是諮商室必備的物品，但當案主流淚或哭泣的時候，何時給他遞上紙巾呢？一般而言，紙巾可以放在靠案主那邊，他可以自行決定何時取紙巾。也有一種是放在諮商師這邊，視諮商的情況而遞出。案主自取，或諮商師遞紙巾的時間，是有意義及講究的。

有的案主，只要有眼淚，就立刻拿紙巾擦拭，期間是沒有等待的。此時，可以和案主探索一下，在生活中他是否不容許自己流淚？

有的案主卻相反，哭得稀哩嘩啦，卻不拿紙巾擦拭任由眼淚鼻涕流的滿身滿地的。這也是個與案主探索的好機會，爲什麼會如此？因爲這有些違背常態。

諮商師拿紙巾的時間點，也與諮商師的觀察及自我狀態有關。如果案主只要流眼淚，就立馬拿紙巾給案主，這也有可能是他對痛苦的容受力有關。

通常，諮商師要觀察及覺察自己對案主眼淚、歎氣的反應。比較合適的處理，是讓案主的眼淚出來了一些，諮商師同理探索深入些，這樣就能夠讓眼淚成爲促動案主往心靈深處去，對案主會有更大的幫助。另外，眼淚是天然的治療劑，但如果沒完沒了的哭泣，也可視爲是一個逃避的工具。有各種的可能性，透過探索，才能更有效的幫助案主。

4. 每一次諮商完之後，要與案主定下一次諮商的時間

如果案主不願意或推託定下次的會談時間，那麼就表示此次的諮商不是很有效，即可及時了解案主的感受及反應。這也是新進諮商師很好的學習機會。其實，往往最好的學習是來自於我們的個案。

▌結　語

開展諮商的工作，不是一件小事，一定要做充分的準備。在開展

正式的諮商業務之前，一定先要成為「實習諮商師」，因為實習的階段就是一個不斷將所學的，透過實習的期間，反思、調整與改進。就像是打仗之前，一定要操練操練再操練，直到比較有把握時才上戰場，這樣才能有更多的保命勝算。當然，諮商並不全然和打仗一樣，它不僅要顧慮到諮商師的成敗，更重要的是案主是我們服務的對象，此對象是活生生的身心靈不夠整合的、有創傷的、痛苦的主體。如果我們的能力、能量不夠，他們就會產生新的創傷，諮商師的責任非重大。因此，諮商師能力強，讓諮商能產生效能，才是最為重要的。事實上，如果案主失望了，諮商師本身也會產生自我懷疑與自我否定。實習的階段，就是為了保護諮商師及案主的安排。在這個階段，案主選擇了實習諮商師就表示他心理是有數的，他不會有像對正式諮商師那樣大的期待，實習諮商師負擔也不會那麼重。當然，有人會覺得如果用「實習」的名義，那麼案主來找他的機會就很少，故而，有意隱瞞。這就出現了諮商師的人格偏差，也呈現其諮商倫理與道德的問題。這也恰恰證明了此人是不夠資格做諮商師的。

實習階段完成經考試通過之後，才能成為正式諮商師。當然，成為了正式諮商師並不表示一切OK。諮商師一定是個終身學習者，觀察、覺察、反思、改變，才有可能轉化與提升。如此，諮商關係才能真正的有生命力，才能活起來，流動起來。此時，才是諮商師與案主的雙贏。

第十七章
一些重要觀念及問題的澄清

　　三十多年的心理從業中，我也如所有的諮商師一般，跌跌撞撞的一路摸索。從書本上、從老師身上，以及其他的諮商師那裡，將所看到的、聽到都反覆思考與品味。有所收穫時，欣喜若狂；案主不回來時，又百思不得其解苦惱半天。常常在案主離去之後反思：在談話中這句話是否說的不好，如果那樣說會不會更好一點。或者推翻先前的想法，尋思著應該有其他更好的作法。有時候，將老師的，或是書本的東西原樣的照搬，但效果卻不佳。在被督導的時候，似乎知道怎麼做了，但在見到案主時，卻未能得到案主的接受。困惑呀！難受呀！不確定呀！

　　「結果」往往是檢驗過程的關鍵，因此，經年累月對「結果」的檢驗，我終於明白了以往的一些問題，也弄清了很多理論及實際上是有差距，並且也了解心理諮商上，有些觀念很容易混淆不清。因此，在本章中提出來，以便讓新進的諮商師們好好的參考參考。

▌人本，「以人爲中心」的態度

人本心理學家羅傑斯最爲有名的，後來成爲許多人的人生價值體現的理論，那就是「以人爲中心」的諮商態度。幾年前，參加了一場人本心理學與諮商的國際會議，我是一個分會場的共同主持人。會場有些亂，時間到了會議應該開始，但由於人員的進進出出，各自做自己的事情，似乎沒有人在乎是否開會時間到了。與我共同主持的教授說了一句：「我要尊重大家，要以人爲中心的態度對待你們，因爲你們一定有你們的需要。所以我不會要求你們安靜或是停止現在手上在做的事情。這就是羅傑斯的態度」。然後，嘿嘿的笑了幾聲。我聽到這麼一位心理學教授的說詞之後，很是困惑。沒有時間觀念，不重視會議的規則，這是「以人爲中心」嗎？

什麼是以人爲中心？

之後參加了另一場人本／存在心理學大會，與會的人員也是用類似的態度面對大會的每個環節 —— 無論是主題分享或個案展示。我依舊是困惑，遲到、早退、手機亂響等等，沒有自律的行爲難道就是「以人爲中心」的態度嗎？

思考了很久，認爲這種態度並非是以人爲中心的。羅傑斯提出以人爲中心的原意，是希望諮商師不要給予案主太多主觀的看法與建議，也不要干預案主，而是容許案主內在自由心靈的有機性

（Valuing process），帶領著案主找到自己的解決方案，而不是延伸至生活的所有面向。我想羅傑斯始料所未及的是，以人爲中心卻變成了一種生活的處理原則，如「以學生爲本」（以學生爲中心，一切站在學生的立場來考慮）、「以行人爲本」（路上以行人爲中心，如果車子與行人相撞，無論對錯皆以車子爲錯誤的主體）……等等的方式，這其實是在不明白羅傑斯的原意時，曲解了它，就造成的極端與偏頗的縱容與自私的行爲了。就如同上述提及的兩個會議，就是這種扭曲「以人爲中心」的一個結果。它變成了不尊重，沒有規矩的亂象。

　　曾聽過一位教人本心理諮商的老師感嘆的提過，最難處理的案主是學過人本心理學的人。爲什麼呢？在諮商的過程中，案主會隨意叫停，然後對諮商師說：「這個是我的隱私，你不可以問」、「你現在應該給我充分的時間，要尊重我的時間感」……其實，這種態度才是諮商師要挑戰的，因爲案主呈現的不是「以人爲中心」，而是「以自我爲中心」的任性。諮商師的工作，就是要面對案主的這種自以爲是。羅傑斯也提過「高層次同理心」的目的，就是要協助案主看到他所未看到的，體悟到他所未能體悟的陰暗面，如果在只有尊重案主，而忽略掉整體的互動及其他的人、環境、時間、地點的影響，這種以人爲中心的態度，其實是對「自我中心」的曲解而非眞正的尊重。

一體關係的體現

很多人以為，在進行人本流派的諮商時，是以「案主為中心」的。的確，羅傑斯的確在早期是認為以案主為中心，但在後期卻改成了「以人為中心」（person-center），因為沒有真正純粹的以案主為中心的態度能夠被實踐。羅傑斯非常強調諮商師的成長，這就是為什麼他在生前，開展了很多的團體活動，是美國成長團體的領頭人之一。這個以人為中心的觀念，其實強調的是以「人」而非以「某人」或「某類人」為中心，它完全符合個人的全人觀　身心靈完整的發展，以及全部存在的整體互動的超個人的一體觀為依歸。這與中國人強調的「天人合一」，中醫的全息觀非常的呼應。諮商師本身的成長、成熟是如此重要，就是因為他的一舉一動都牽引著案主的原因。只有在成長的諮商師，才能夠真正懂得案主的不容易；只有在生活中不斷的自我挑戰與面對，才能夠無形中對案主產生身心靈的整體影響。而案主所有當下的發生，也對諮商師的方方面面有著密切的關係。量子物理學說的「南美洲的蝴蝶扇一扇翅膀，就能影響全世界的氣候」，其實就是一體關係的體現。所以，諮商師與案主是一個整體的關係，以任何一方為中心都不可。

▌中立的態度

在督導的生涯中，無數次聽到諮商師說：「當有個案告訴我說他想要與深愛者發生性關係，但對方已婚，所以很糾結。問我的意見。我告訴他我尊重他的決定，因爲這就是中立的態度。但是我又很糾結，因爲我不贊成出軌關係。但是我又擔心如果說出了自己的看法，是否就不『中立』了？」還有，「當孩子在很小的時候，就開始早戀，我覺得不應該干涉他，因爲要保持中立。但是我又覺得他年紀太小，不應該早戀。我眞不知道該怎麼辦？」另外，「有個人爲他人代考，我明明知道不對，但是因爲要保持中立，所以我只能要他三思而後行，但是我卻不知道該怎麼辦。」這種例子很多很多。大家被「中立」的概念，弄得糊里糊塗是非不清。那麼到底什麼是「中立」？

首先，諮商師要分辨出哪些是法律問題而非中立問題，例如：(1)與已婚者發生性關係，它是一個婚姻法上的「告訴乃論」罪，只要夫妻的單方提出訴訟，刑事罪是成立的；(2)替人代考，本身也是違法的，而非僅僅是倫理道德關係。這兩種情況與中立的立場完全是不同的，諮商師如果沒有阻止或是表達立場，就有可能吃上官司。

另外，每個人都是在特定文化、教育體系、倫理道德環境中長大，有自己的人生觀、價值觀及世界觀，不可能全然的「中立」與「客觀」。就算是想要成爲「客觀」與「中立」，也只能說是在「自我覺察」的情況下盡可能的做到。

在心理諮商領域所謂的中立，其實說的是「價值中立的態度」。這個到底是什麼呢？價值中立的態度，指的是，面對非法律或規則的情況下，我們需要保持著不偏不倚的態度來對待他人，以免產生偏見或不公平現象。例如，有案主來談「早戀」的問題。早些年，早戀是一件違背學校規定的事情，所以不能保持中立，必須要禁止。但近年來由於時代的進步及強調尊重年輕孩子的自我決定能力，因此早戀就不是個違規的問題。只是由於早戀的確會影響到孩子的方方面面，困惑很多，青少年來諮商的時候，這個問題出現的頻率是挺高的。

由於青少年對性的意識發展尚屬青澀，性荷爾蒙的分泌影響著孩子對性關係的理性判斷。因此，諮商師的正確引導十分重要。由於此時期的孩子在掙扎著成為「自己」，強硬的「說教」往往適得其反。聆聽孩子內心的困惑與理解他們的渴望，是非常重要的。也因為早戀不是違規的事情，所以，諮商師如何能夠一方面與孩子保持同頻，讓他信任我們，同時又能有效地協助他們認識問題，諮商師價值中立的態度就異常的重要了。

這種價值中立態度指的是，諮商師要真實的表達自己的觀點，不可做虛假表示，但同時聆聽到案主的表述，同理到他的需要。如果主題是早戀，以下的表述可提供讀者作為參考（說出你贊成或反對的看法，並且要將理由充分表達。同時，表現出你想了解關心他的真誠態度）：

1.反面觀點，表達如下：「我不太清楚你是贊成早戀或是反對，

但你問了我的看法，我告訴你，我其實是不贊成早戀的，因爲在我的經驗中，所看到的早戀的學生，少數人有成功的，後來也都在社會上做得很好，但大多數的卻是非但學習沒有提高，且在情緒上很是受影響，活得很是辛苦。所以，我是不贊成早戀的。聽完我說之後，你是什麼看法呢？」

2.正面觀點，表述如下：「我其實是不反對早戀的，這就是爲什麼在青少年時，學習都是男女同班的緣故。爲了促進這個年齡相互學習的支持作用。只是，早戀要注意到分寸及『度』的把握，以免產生很多心理上的混亂，困惑與痛苦。我的確看到了有成功的同學，但過程眞的不太容易。我說了之後，你認爲如何？你是什麼想法呢？」。

身爲心理從業者，一定要經常審視自己的人生觀、價值觀及世界觀。在這個重視終身學習的時代，如果沒有持續學習，並淨化自己的心靈，擴大視野，我們對於案主的陪伴就會進入局限與淺薄的窄道。價值中立的態度，正好是心理諮商師素質的體現，我們必須時時謹記著。

▌正常與不正常

路人甲：「你看你，雖然有紅燈停，綠燈行的交通規則，但是大家都是看到沒有車就過馬路。我們都習慣了。」

路人乙：「可是現在還有車呀！我們這樣穿越馬路，會造成別人與自

己的危險。」

路人甲：「你真是個怪人，我們這裡就這樣。你如果不走，你就是怪
　　　　人，不正常。」

中學生：「張老師，我們同學在考試的時候作弊。因為老師不在。」

　我　：「所以，你覺得怎麼樣呢？」

中學生：「我覺得不應該作弊。」

　我　：「是的，我也這麼覺得。」

中學生：「但是，如果我不作弊，他們都做，這樣，我這門課的成績
　　　　就沒有他們高。而且，他們就說我是笨蛋，這麼好的機會也
　　　　不會利用。」

出家人：「我出家之前，很多人都來勸我說不要出家，認為出家人很
　　　　多是變態不正常。逃避責任，逃避痛苦。」

　我　：「你是不是覺得他們說得對？」

出家人：「不是的。但是很多人用異樣的眼光看我，好像我不正常一
　　　　樣。所以很難受！」

　　怪人、笨蛋、不正常，上述的路人乙、小學生，以及出家人，只
是眾多中的少數的案例。生活中我們很多人怕被說成不正常，所以不
敢做一些和其他人不一樣的行為。因此，有問題時也不敢去見心理專

業人員，就是怕被說成不正常，有毛病。直到抑鬱了、狂躁了、打人了，或是殺人了。

什麼是正常？什麼是不正常？

當我在美國學習超個人心理學時，我們都要學習「診斷」。診斷是套用醫學的一個名詞及方式，用來給案主「定性」，然後找出對治的手段。目前最具影響力的一本診斷書就是《DSM-V》。人本心理學與超個人心理學家，基本上是不主張診斷的，因為診斷是醫療體系的產品，而心理諮商是不適用的。案主一旦被診斷了，就會被貼上一個「不正常」的標籤，如躁鬱症、邊緣性人格障礙、性別錯倒、經神官能症……等等。心理諮商之所以會讓很多人望而卻步，就是因為這種「病症」的標籤。一旦貼上了，就很難拿下來。這個，反而成為一種「心理障礙」呢！

其實正常與否，是個統計學的概念。多數人認為的是「合適的」、「對的」、「合理的」就是正常。在統計學中所謂的常態分配，也就是說在100個人中，有68%的人的觀點、看法、認知相同或相似，那麼在這個群體中這68個人就是正常的。所以在生活中正常是什麼呢？在中國，有很多古老的習俗，如我多年前在紐約看了一部描述奇怪風俗的電影，雖是電影卻講的是真實發生在湘西有關小丈夫的習俗。一個男孩在很小的時候，父母就給他娶了一個年紀長很多的媳婦，目的是，一方面可以照顧這個小男孩，另一方面可以做些勞務家事等等。可是這個媳婦由於已成年，有性的需要，因此就出軌與該

村的另一個男子發生了性關係。這可不得了，當時湘西對待通姦者，女人沉潭，男人打斷腿。他們後來被發現了，因此就按照這個習俗來處理了。這種不人道的風俗，不僅是少數民族有，漢族也有；不僅是過去有，現在也有。世界上，除了中國，其他的國家也有很多不合理的規定。至今，印度的「種姓」制度，讓最底層的首陀羅（Sudra）永遠喝不了乾淨的水，住不了美好的房子；非洲一些國家將4～8歲女孩子部分性器官切除以免除性快感，以及對丈夫的忠貞等等。這些不公平的現象，都可以稱得上是病態的。但在他們的文化環境下，卻是正常的。所以我們說，正常是因所在的環境不同，其標準也會改變。所以，什麼是正常，不正常呢？

當然，除去文化、環境的影響，一個人心理及精神的外顯現象，的確可以看出該人需要協助的狀況，如過度飲食、食欲降低、嗜睡、失眠、打不起精神、強迫性的想一件事、對空間人群有害怕的情緒、懷疑他人迫害自己……等等，這些本身都是因為心理及精神壓力而產生的。然而，這些現象基本上每個人多多少少會出現，只不過程度不一，持續時間的長短有所不同。人本及超個人心理學不主張「診斷」，而是強調諮商師對案主的全然關心與關愛。以我自己為例，由於在學心理學之前並不知道自己是非常內向，每次要在眾人面前說話，就會手腳冰冷，直打哆嗦。甚至在演講之前是不能吃東西的，每次吃就會嘔吐。後來了解了自己是極度的內向，在諮商師的大力協助與關懷且沒有「診斷」的情況下，逐漸地調整了過來。現在的情況非

常的好，沒有人看出來我以前的恐懼。

　　透過了解案主，同理案主，在不被貼標籤的情況下，案主恢復常態是不難的。但只要用「診斷」的標籤來「定論」了案主，案主本身的心理及精神壓力會加重。故諮商師不「診斷」案主而其關心與關愛的態度，就能促使案主得到療癒。也可以說，診斷「正常與否」，本身就會加重案主的自我懷疑、心理負擔及精神壓力。它本身就能讓人「不正常」。當然，有人會問，那麼難道沒有「不正常」的人嗎？

　　當然有所謂不正常的「現象」，指的是那些在所有「症狀」嚴重到傷人且很難受到控制，如如阿茲海默症所產生的認知障礙迫害妄想；有些持續懷疑他人說自己壞話，並有傷害他人的行為產生者；有些自尊極低的厭食者，每次吃了東西之後，就要量體重，如果重量增加一點，就要想辦法嘔吐出來後來成為骨瘦如柴者；或是嚴重的強迫性行為，一天要洗數百次手者，等等。但要記住的是，任何診斷都必須請其他的專業人員一起來討論與參考，不可輕易的自行決定。當我還是博士生時，我們就6人一組，針對一個個案做診斷的練習，沒有想到我們討論了很久很久，仍然難達到一致的看法，可見，根據診斷書來做診斷，真的是非常的困難，一定要非常的謹慎。一旦診斷後，仍然要秉持著耐心與愛心來協助案主度過困難的階段。否則極易形成標籤化，造成更深更嚴重的傷害。

▌心理測驗

很多的心理諮商師由於自信心不夠，一旦開始執業卻發現能力不足。能拿到手的工具，最方便的就是用「心理測驗」、「心理評量表」來評估案主，然後做診斷。按照診斷書的標準來「標籤化」、「病人化」。這就是為什麼在前述提及要很謹慎的診斷。

心理測驗及心理評量表是很容易將人「病態化」的，很容易就可以評斷哪些人是病人。理由何在？

1.目前國內所使用的心理測驗是舶來品，本土化的很少。中國的小孩子剛到美國（我只能用美國來說，因為在美國多年）進入學校時，都會有一個學校心理學家（school psychologist）給孩子做心理測評。往往來美國不久的孩子，對文化、飲食、語言（特別是俚語）不懂，而這些測評基本上是美國本土開發的。因此，多半的孩子會被測出「智力低下」。我認識的一些孩子就被送入了「特殊教育班」。

2.美國的心理測評是以美國文化、習俗、語言、環境⋯⋯等等為依據所製作出來的。很多人以為由美國人來做測評，信度及效度都比較可靠吧！其實不然，美國是個多元文化的國家，號稱大熔爐。熔爐，融入了什麼？其實，並沒有達到我們所謂的真正的融合，而是各種不同的文化存在各自區域，不同的民族群居在一起，吃著自己的食物，過著自己的傳統節日。美國有幾大民族文化：(1)歐洲背景的白人文化；(2)有非洲背景的黑人文化；(3)拉丁美洲的西班牙、墨西哥

文化；(4)亞洲的多重文化，華裔、緬甸、越南……等等；(5)美國印地安人──原住民。這些大分類中，又有無數個小分類的文化與民族。心理測評是做診斷很重要的依據，而每個測評都要有所謂的「常模」，也就是被拿來做研發此測驗的基本群體。常模的人數也因製作測驗者的需要而有所不同。但它們沒有所謂的「代表性」。舉個可笑的例子：在多年前，白人專家製作出的智商測驗給黑人小孩做，結果黑人學生的智商比白人低了20分。黑人專家看到了測驗的弊病，因此也製作一個以黑人文化為主的測驗讓孩子們做，結果白人小孩的智商低了黑人20分。這僅僅是智商測驗而已哦！但比較起現在大家視為圭臬的《DSM-V》危害性還沒有那麼大。據了解《DSM-V》的編纂者是以精神科醫師為代表，而其中是以美國男性白人為主導。在這裡我們又遭遇了另外一個問題，那就是，不僅是文化民族的差異性會影響測驗的準確性，男性女性的不同，也根本地撼動了診斷的真實性及準確性。

這就是為什麼，無論是用心理評量表或是診斷書來評斷一個人的正常與否，是非常不科學的。不僅不科學，且還可能將正常的人輕而易舉的測驗出「不正常」的現象。很多精神病院的「病人」，多半是需要諮商師的關心與關愛，而不是冷漠的做個測量，然後貼上一個標籤，進而按照標籤來開處方藥並進行諮商。我採訪過很多精神病人，他們最討厭的人就是精神科醫師，因為這些醫師，顯示出高人一等的自以為是的高傲態度，令正常的人也不正常了。專業的我們，一定要

謹慎再謹慎呀！

▌結語

　　拉拉雜雜地說了很多，我像個快要走完一生的老太太，面對新進或經驗不太豐富的諮商師們，就想要傾囊所有，擔心的是危害了我們的案主。心理諮商這個專業，是個高風險行業，不僅是對案主而言，對我們本身也是如此。面對案主的痛苦，我們也會在不知不覺中受到影響。一位專業人員，要記住的是：專業不僅僅是來自書本，來自老師，來自其他人的經驗，最爲重要的是，自己的獨立思考及豐富的生命經驗。沒有獨立思考的人，不能稱爲專業，充其量只是個影子－理論的、老師的、他人的影子。影子眞地能夠有效能的幫助他人嗎？或許這是更值得我們去深深反思的吧！

　　至於豐富的生命經驗，說實在的，只有不斷的去體驗並穿越其所帶來的複雜性，多元性及神祕性，諮商師才會擁有一顆玲瓏的智慧心，更重要的是，此智慧心必定證悟在終心學習的態度上（參考附件三）。

附件一：來訪者須知

親愛的來訪者：

歡迎您來到某某工作室！

我們將竭誠爲您的全人健康提供支援與幫助。爲了更好地爲您服務，請您知悉如下內容：

一、如果您需要預約下次心理諮商服務，您可直接與諮商師或與我們預約時間。

二、心理諮商每次時間一般爲一小時，收費標準參見諮商師介紹。如需延長諮商時間，由諮商師與您共同協商決定。

三、諮商時間不足三十分鐘按三十分鐘計算；不足一小時按一小時計算。

四、如您想取消諮商，必須至少提前二十四小時，通知諮商師或者我們，否則仍然需按約定時間付費。

五、非因不可抗力，如果您遲到了，諮商費按已約定的時間計算。

六、保密是我們的最重要原則，但涉及以下情況，我們需要與您的親友和有關部門聯繫，以確保您和社會的安全：

（一）自殺和他殺。

（二）犯罪和違法事件。

（三）家庭暴力、性侵害及其他相關問題。

七、諮商師在保證您的個人資料不洩露的情況下，爲了提升諮商師的專業發展，可能將您的諮商情況在專業人士範圍內進行討論，或撰寫成相關的文章發表。

八、當我們的服務不能滿足您的需要時，我們將盡力爲您轉介更適合的諮商師或諮商機構，以便您能得到更及時、有效的服務。

來訪者簽字：_____　　電話：_____

監護人簽字：_____　　電話：_____

（18歲以下來訪者）

家庭地址：_____

年　　月　　　日

附件二：承諾書

　　本人承諾在諮商期間絕對不做傷害自己的事情，如自殘、自傷、自殺等行為。同時，也承諾不做傷害別人的事情，如肢體傷害、殺人等行為。保證到諮商室不攜帶傷人工具、武器。

　　必要時，本人願意接受精神科醫師的幫助，透過合適藥物支持自己，並同意將醫師的電話告訴諮商師。

本人姓名：_____　身分證號碼：_____

緊急聯繫人：_____　關係：_____　電話：_____

　　　　　　　　　　　　　　　　　　　　　年　　月　　日

附件三：諮商師的終身學習內容

1. 有道德倫理的生活態度——除了個人成長之外，還承擔起家庭責任、社會責任、世界責任與宇宙責任。

2. 情緒的超越——身心靈的整合，一個有理性又有感性的整體。

3. 動機的調整。

4. 注意力的培養。

5. 覺察力的細緻化。

6. 智慧的積累與開發。

7. 慈悲的體現。

8. 服務他人。

9. 對所有存在物的尊重——無論看得見的或看不見的。

10. 所有的一切都含有信、望、愛的種子，所以要抱持開放與聆聽的態度。

後　記

　　在校稿的過程中，腦海裡總是出現學術界中的抄襲影像。本來不想說這個，但還是覺得眞實表達在校完書稿後的隱憂，更符合我寫後記的初衷。這本書橫跨了20年的經驗及資料的累積。在看書的時候，就用資料卡做了筆記，不爲出書（以前從沒有想過要出學術書籍）只爲自己的參考。時至今日，心動了，想將經年的專業經驗分享出來。

　　在整理資料的時候，有些書籍及資料卡由於數次搬家已經找不著了，所以對本書中採用的資料記不清是「引用」，或是「參考」。大家都知道，寫文章在引用他人的東西時，一定要將來源出處注明清楚，不可剽竊他人的智慧成果。我儘量小心用詞遣句，千萬不可照章全收。也儘量將參考資料周延的記錄下來。但是，在校稿的過程，我的心就緊繃起來，眞的害怕一不小心就出了差錯。

　　在這裡我先表明，在書中若出現任何這種跡象，請讀者見諒，並與我聯絡（2361288071@qq.com），畢竟20年的跨度，有些長。從治學看來，我眞的不是位嚴謹的學者，所以必須在這裡抱歉。今後，我還有很多的文章要寫，必定會更注意到細節的查證。感恩大家！

　　另外還想說的是，在描寫諮商師的要件時，我曾提到過「助人症候群」（helper syndrome）。我說過在2008年四川汶川地震的經

歷。再次想到這個經驗，我的心依然溫暖與感動，因為，那兩位七老八十的老太太，頂著大太陽搶著替我們買車票。我們攔也攔不住。看著她們從口袋中艱難的取出10張一元紙票塞進車上的票箱，我們都流淚了。但又不好拒絕，因為這是他們表達對我們的感謝，而這個感謝是出乎意料之外的。車上的乘客也受到感染，為我們鼓掌讓位。

不是想要在這裡炫耀，只是，這，才是我認為的助人者精神─潤物細無聲。一切都是水到渠成，自然成就。這也是我一直對自己是專業諮商師的要求。多年後的今天，我面對著上蒼，可以自在的說一聲，so far so good！至今仍繼續加油！

家圖書館出版品預行編目資料

超個人心理學：諮商基本技巧／張寶蕊著.
－－初版.－－臺北市：五南，2019.04
　　面；　公分
SBN 978-957-763-308-8（平裝）

1.心理諮商　2.諮商技巧

178.4　　　　　　　　　108002590

4B0A

超個人心理學：諮商基本技巧

作　　者 ― 張寶蕊

發 行 人 ― 楊榮川

總 經 理 ― 楊士清

副總編輯 ― 王俐文

責任編輯 ― 金明芬

封面設計 ― 斐類設計工作室

出 版 者 ― 五南圖書出版股份有限公司

地　　址：106臺北市大安區和平東路二段339號4樓

電　　話：(02)2705-5066　　傳　　真：(02)2706-6100

網　　址：http://www.wunan.com.tw

電子郵件：wunan@wunan.com.tw

劃撥帳號：01068953

戶　　名：五南圖書出版股份有限公司

法律顧問：林勝安律師事務所　林勝安律師

出版日期：2019年4月初版一刷

定　　價：新臺幣450元